◎ 国家社会科学基金项目（14BSH109）

◎ 湖南省高等学校“双一流”应用特色学科——社会学建设项目

居住空间调整与城乡社会服务体系建设研究

Research on the Adjustment of Living Space and the Construction of Urban and Rural Social Service System

◎ 廖鸿冰 著

西安交通大学出版社
XI'AN JIAOTONG UNIVERSITY PRESS

图书在版编目（CIP）数据

居住空间调整与城乡社会服务体系建设研究 / 廖鸿冰著 .—西安：西安交通大学出版社，2023.9

ISBN 978-7-5693-2472-3

Ⅰ. ①居… Ⅱ. ①廖… Ⅲ. ①人口流动－关系－社会服务－城乡一体化－研究－中国 Ⅳ. ① D669.3

中国版本图书馆 CIP 数据核字（2021）第 266169 号

书　　名	居住空间调整与城乡社会服务体系建设研究 JUZHU KONGJIAN TIAOZHENG YU CHENGXIANG SHEHUI FUWU TIXI JIANSHE YANJIU
著　　者	廖鸿冰
责任编辑	苏　剑　魏　杰
责任校对	韦鸽鸽
出版发行	西安交通大学出版社 （西安市兴庆南路 1 号 邮政编码 710048）
网　　址	http://www.xjtupress.com
电　　话	（029）82668357 82667874（市场营销中心） （029）82668315（总编办）
传　　真	（029）82668280
印　　刷	湖南省众鑫印务有限公司
开　　本	710mm×1000mm 1/16　**印张** 14　**字数** 206 千字
版次印次	2023 年 9 月第 1 版　2023 年 9 月第 1 次印刷
书　　号	ISBN 978-7-5693-2472-3
定　　价	78.00 元

如发现印装质量问题，请与本社市场营销中心联系调换。

廖鸿冰 1966年12月出生，湖南女子学院社会发展与管理学院教授（二级），首批全国专业社会工作领军人才，硕士生导师，社会学学科带头人，社会工作专业带头人，社会工作与社会治理研究所所长。其主要学术兼职：全国民政职业教育教学指导委员会社会工作专业教学指导委员会委员，中国社会工作教育协会理事，湖南省社会工作协会副会长，湖南省社会学学会常务理事，长沙市社会工作协会副会长，湖南省职业资格鉴定委员会社会工作专业专家委员会委员。主要从事社会政策与社会服务、社会治理与社会工作、社会组织的教学与研究。主持省级以上科学研究项目12项，其中国家哲学社会科学基金项目2项、省级重点课题2项。出版专著3部、合著1部，主编教材1部，参编教材3部，在国内外刊物发表学术论文60多篇。获湖南省第12届哲学社会科学优秀成果奖三等奖1项，全国民政政策理论研究成果奖一等奖、二等奖、三等奖各1项，教育部社会学类教学指导委员会优秀教学成果奖1项，湖南省第11届、第12届高等教育教学成果奖三等奖各1项，第4届湖南省教育科学研究优秀成果奖二等奖、三等奖各1项。

前　言

目前我国正处在经济发展和快速城镇化的关键时期，城镇化进程与产业结构调整升级推动着经济发展，也导致了大量人口的流动。伴随着人口流动，居住空间也发生了变动。进入流入地后的人们首先面临的就是居住问题。流动人口的居住空间转换状况直接关系着他们的工作情绪、身心健康、社会融入、生活品质等。城镇化背景下居住空间结构的变动，使得居住空间出现了聚类，形成了现代社区、发展中社区和传统社区这三类社区。这种居住空间结构的变化与居民收入的高低差距，使社会服务资源分配具有了不均衡特征。居住空间结构的变动体现了城乡人口流动的一种社会变迁，也体现了经济的发展，是推动社会结构调整、居民社会服务需求多元化的重要因素。在社会流动语境下，面对社会服务需求的快速增长与社会结构的分化，居住空间结构的变动对社会服务体系提出了新的挑战。如何公平、公正以及合理、有效地为城乡不同社会群体提供社会服务，规范的社会服务如何构建，是新时代中国特色社会主义建设中亟须解决的问题。

本书的研究目标是解决居住空间的变动与城乡社会服务体系建设的内在联系问题：因快速推进的新型城镇化与大规模的人口流动而产生的城乡居住空间变动对社会服务体系提出了什么要求？社会服务体系如何设计才能促进民生，有利于社会治理？本书围绕党的十九届四中全会对推进国家治理体系和治理能力现代化作出的“聚焦民生守初心，治理服务担使命”这一重大战略部署展开研究，并寻求理论创新，致力于提升我国政府的社会治理水平，寻求底线公平与差别公平之间的有机结合。

就意义而言，本书的研究价值体现在以下几个方面：一是住房与社会服务一直被中国共产党和中国政府视为最基础的民生工程。要解决好人民最关心最直接最现实的利益问题，就要让人民“老有所养、病有所医、住有所居”，努力为社会提供多样化服务。二是以住房为核心的居住空间以及社会服务问题是经济问题，也是社会问题，更是政治问题。如何通过市场的基础性配置、社会组织的有效参与以及政府的引导来推进社会服务，并使其适应变动的居住环境，具有很强的政治意义。三是居住空间与社会服务问题是城镇化与城乡统筹中的重要议题。随着农村空心化的加剧，居住空间出现了零散性特征。农民居住空间格局调整如何变动会影响城乡统筹格局，进而影响社会服务体系变动。四是居住空间与社会服务问题是社会治理中的重要议题。从社会空间视角思考社会工作体系的建设与发展，探讨社会管理、社会服务的空间命题，形成社会治理和服务的合力，是我国社会转型的必然要求。

对快速城镇化背景下居住空间调整和城乡社会服务体系建设的思考是本书的研究主线。为了保证研究的科学性和深刻性，研究时综合采用了问卷调查法、个案访谈法、统计分析法和文献分析法等研究方法，主要开展了以下研究：城镇化与居住空间变动研究、人口流动与居住空间变动研究、居住空间聚类变动与社会服务匹配性研究、居住空间聚类进程中社区协同共治体系构建研究、社区居民社会服务满意度及社会服务规范化研究、社会服务可及性研究、居住空间结构变动与城市社区社会服务供给侧研究、农村空心化与社会服务体系研究、以社区为基础的政府购买社会服务研究。

本书提出和证明的主要观点有：一是新型城镇化战略、流动人口规模扩大会加速调整居住空间结构，进而导致居住空间结构的差异化日益明显；二是居住空间的聚类变动需要相应的社会服务体系与之配套，并且不同性质的居住空间聚类可以有不同性质的社会服务提供渠道与模式；三是“以社区为基础的整合性社会服务”模式符合社会底线公平、差别公平原则；四是因居住空间的变动，城乡居民会产生新的服务要求，而对城乡居民新产生的需求做前瞻性研究有利于社会服务体系的建设与调整；五是以居住空间变动来调整社会服务体系可以提升地方政府的合法性空间，增强社会工作的针对性。

城镇化建设和社会流动背景下，居民的居住空间分异成为必然，而配套社会服务供给的适应性更新成为社会各界关注的重点问题。笔者认为，可以从以下几方面着手，提出解决社会服务供给难题的对策建议：

第一，完善社会服务供需沟通渠道。重视宣传在社区社会服务供给中的作用，拓宽居民社会服务需求的表达渠道，激发居民主动寻求服务的意愿。

第二，构建社会服务分类供给体系。推进社会服务的规范化，既需要进行总体的制度设计和社会政策调整，也需要分类分层、科学配置不同流动结构对社会服务的需求，以增强社会服务供给的有效性。

第三，积极拓展以社区为基础的政府购买服务，打通社会服务“最后一公里”。建设服务型职能政府，增强政府购买社会服务的认识；建立多元化服务支持网络，形成整体性政府购买社会服务体系；建立契约式政社合作关系，促进政府购买社会服务的持续发展；建立“三社联动”机制，推动政府购买社会服务供给侧改革；建立“第三方评估”机制，保障政府购买社会服务的健康发展。

本书的研究成果的价值主要体现在：首先，学术价值方面。一是本书的研究将进一步丰富和谐社会理论，深化人口流动、居住空间变动与社会服务体系建设研究内容。书中揭示了居住空间阶层化与社会服务复杂化的内在关系，探索了城乡人口流动与社会经济协调发展的理论与实践，推动了人口社会理论的发展，为解决城镇化带来的问题提供理论支持，为政府促进经济社会可持续发展提供政策参考。二是本书的研究是践行党的十八大和十九大精神的需要，旨在解决目前我国教育、就业、社会保障、医疗、住房、生态环境、食品药品安全、安全生产、社会治安、执法司法等关系群众切身利益的问题以及部分群众的生活困难问题。建立健全新社区社会服务体系，以人为本，以优良的服务惠及社区群众，促进基层社会治理创新，把社区建设成为管理有序、服务完善、文明祥和的社会生活共同体，对开创社会建设与管理新局面、建设社会和谐稳定新型社区有着十分重要的作用。本书可为城镇化建设与乡村振兴提供重要的决策依据，也可以为城乡社区建设提供借鉴，具有深远的现实意义。

其次，在应用价值方面。一是住房与社会服务一直被我国视为最基础的民生工程。要实现发展成果更多更公平地惠及全体人民，必须加快社会事业改革，解决好人民最关心最直接最现实的利益问题，更好地满足人民需求。研究住房与社会服务之间的关系，一直被中国共产党和政府视为最基础的民生工程。二是以住房为核心的居住空间以及社会服务问题不仅是经济问题，也是社会问题，更是政治问题。如何通过市场的基础性配置、社会组织的有效参与以及政府的引导来推进社会服务，并使其适应变动的居住环境，均具有很强的政治意义。三是本研究的基本结论和主要观点，对促进我国城镇化背景下的社会服务体系建设有重要的实践指导意义。快速城镇化下人们居住空间的变动与城乡社会服务的内在逻辑关系建立在调查分析和横向对比基础上，遵循一定的原则和规律，通过政府购买服务的方法，培育和发展社区民间组织。发展社会工作力量，建立“三社联动”机制，为有需要的社区居民提供公益性、福利性社区服务，对于实现社区社会服务载体多元化等都具有积极的作用。

最后，从社会影响和效益来看，在研究实践中，本书将基于居住空间变动的社会服务问题放到基层社会治理、和谐社会建设、城乡一体化发展社会背景下进行研究，针对我国社会转型时期出现的新情况、新问题，与时俱进地提出建设“以社区为基础”的整合性的社会服务体系。

本书的顺利出版得益于课题组全体成员的共同努力，受益于中南大学公共管理学院副院长、博士生导师李斌教授，以及中南大学社会学系主任、博士生导师潘泽泉教授等诸多学界同仁的大力支持。在此，我深表谢意！同时也感谢湖南女子学院科研处李瑢处长、社会发展与管理学院邵汉清院长对本项目研究的大力支持和帮助！

廖鸿冰

2023年3月于长沙

目　录

第一章 导 论

第一节 问题的提出

目前我国正处在经济发展和快速城镇化的关键时期，城镇化进程与产业结构调整升级推动着经济发展，也导致了大量人口的流动。推拉理论认为，人口流动的原因在于劳动力资源的逐利性。流入地因为有很好的能改善生活的条件、更高的收入、良好的受教育的机会以及更好的社会环境等因素而成为拉力，而流出地的有限的资源、不利的生活条件则成为推力。随着我国城镇化建设不断推进，城乡人口流动规模不断扩大。为了获得更好的工作与生活条件，人们的居住空间发生了变动。人们进入流入地后，居住成为他们首先考虑的问题，因为居住空间转换状况在流入地中直接影响着他们的工作情绪、社会融入程度、邻里关系、身心健康、生活品质等（廖鸿冰，2016）。

快速推进的工业化和城镇化，促进了城乡人口流动。一方面，农村社区出现了“村落空心化、家庭空巢化、人口老龄化、服务空心化”现象。大量的农村剩余劳动力向城市聚集，农村社区常住人口不断减少，农村土地大量荒废、无人耕种，造成村落在空间形态上出现了荒芜现象。“农户兼业化、家庭空巢化、人口老龄化、服务空心化”是我国当前农村发展的一个普遍趋势（廖鸿冰 等，2017）。在社会转型与社会变迁不断演变的情况下，农村空心化是必然的结果。快速城镇化、农村人口大量流出导致农村社区土地资源的荒废、人居环境的不协调、社会服务的弱化、基础设施的缺乏等多方面的空心化变异现象，影响了农村社会经济的可持续发展。但是学术界在探讨农村空心化问题时更关注村落空心化及其所带来的人口空心化。人口空心化导致参加公益活动的村民减少，建立农村社区社会组织困难，社区中的老年人、残疾人等弱势群体得不到有效的社会服务，农村社会服务日渐空心化，而这是一个关乎民生的大问题。由于“人走屋空”，农村劳动力离开了家乡，转移到城镇化建设中去了。村落空心化还体现在居住空间以“零散性”为特色。村民新建住宅很少在原址建造，而是向外围扩展，“建新不拆旧”，“外扩内空”(刘彦随 等，2010)。农民居住空间格局的调整影响城乡统筹格局，进而影响社会服务体系的变动。因此需要构建新的农村社会服务体系，来应对农村居民居住空间变动后的社会服务空心化问题。农村人口空心化引发了一系列问题，包括农村经济积贫积弱，在农村社区主要是“三留守人员”(留守老人、留守妇女、留守儿童)，经济社会功能整体弱化，导致社区基础设施空心化，农村社会服务缺失。农村社会服务长期得不到关注，社会组织难以在农村社区立足，农村留守人员的需求得不到满足，供给侧与需求侧十分不平衡，这些都已经给农村社区的生产生活带来了一系列的问题。农村的“三留守人员”背负着沉重的生活与精神压力，面对生存不得不克服各种困难，而这严重影响了他们的身心健康。他们迫切需要社会服务。农村社会服务的缺失使农村社区逐步丧失了向心力和凝聚力，进一步影响了农村经济社会的可持续发展(廖鸿冰 等，2017)。另一方面，城市社区呈现出“人口集聚化、空间差异化、结构阶层化、服务多元化”的现象。城乡人口流动导致了居住空间结构的变化，人们在城市大量集聚、沉淀与融合。从功能上来讲，居住是城市的重要职能，居住空间是城市的物质载体，居住空间结构是城市空间结构的组成部分。但是，人口的流动，居住空间的调整，在空间结构上还能有效地反映出居民的社会地位与生活水平，也成为居民各阶层隔离的“指示器”，成为影响社会和谐的重要因素。居住空间的聚类与分异，引发了很多社会问题，也规范和制约了城市化的发展过程。城乡流动人口引发的居住空间结构的变动，体现出一种社会变迁，也体现出经济社会的发展。城市内因促使不同的居民居住空间形成，而社会服务资源的供给也有着不同的需求以及不均衡特征。这是推动社会结构调整、居民社会服务需求多元化的重要因素。在我国社会经济发展中，社会服务在调节不同群体的需求上扮演着重要的角色，它是我国新形势下开展精准扶贫、全面建设小康社会的主要手段，是我国和谐社会建设的内在要求。社会服务供给侧改革，对于维护社会稳定、满足人民群众日益增长的美好生活需要、提升民众生活质量具有重要的时代意义和历史价值。随着改革开放的不断深入，城镇化建设持续推进。在城乡人口流动的语境下，面对城乡社区居民对社会服务需求的快速增长与社会结构的分化，居住空间结构的变动对城乡社会服务体系提出了新的挑战（廖鸿冰 等，2019）。

因此，在工业化、城镇化背景下，居住空间变动无论是对个人选择还是对人口流动，无论是对市场抉择还是对政府规划，都是一个重要课题。更为重要的是伴随居住空间调整而产生的社会服务体系变动，也是一个很新、很重要的议题（廖鸿冰 等，2017）。在我国推进和谐社会建设的背景下，如何公平、公正以及合理、有效地为城乡不同社会群体提供社会服务，如何构建规范的社会服务体系，是我国和谐社会建设中亟须解决的问题（廖鸿冰 等，2019）。

第二节　研究的价值和意义

自改革开放以来，我国城乡结构发生了巨大变化，城乡人口比例已经从20世纪80年代初的“二八开”，发展到2019年的“六四开”（城市人口占总人口的比例已达60.6%），城市人口在未来若干年内将继续快速增长。在农村，“三留守人员”普遍存在。与此相适应，“空心化”与“零散性”也成为目前我国农村居住空间的主要特征，而城镇特别是大中城市的居住空间需求则急剧增加。随着城市住房市场化和城市阶层化程度的提升，居住空间正在发生着明显的变化。随着新型城镇化在各地加速推动，人口流动、居住空间变动、社会结构分层、社会稳定等，无论对个人、对市场还是对政府都是一个重要的课题，特别是随着居住空间调整而进行的社会服务体系建设应该成为一个特别重要的议题。

（1）住房与社会服务一直被中国视为最基础的民生工程。因人口流动而产生的居住空间的变动，必然导致居住空间结构阶层化与社会服务多样化。中国政府坚持以人民为中心的发展思想，十分注重回应人民的需要；坚持认为经济社会发展的成果，应该为全体社会成员所分享；坚持认为应解决好人民最直接最现实的利益问题，更好地满足人民需求，有效提高人们的生活质量，保障人民群众的居住权与社会福利。

（2）以住房为核心的居住空间以及社会服务问题是经济问题，也是社会问题，更是政治问题。党的十八大报告指出，尽管我国已经取得了一系列历史性成就，但是目前我国的教育、就业、社会保障、医疗、住房、生态环境、食品药品安全、安全生产、社会治安、执法司法等关系群众切身利益的问题较多，部分群众生活比较困难。我们需要实现“人人享有基本医疗卫生服务，住房保障服务”（时万青 等，2014）。建立健全新社区社会服务体系，以人为本，以优良的服务惠及社区群众，促进基层社会管理创新，把社区建设成为管理有序、服务完善、文明祥和的社会生活共同体，对开创社会建设与管理新局面、建设社会和谐稳定新型社区有着十分重要的作用（曾德盛，2012）。如何通过市场的基础性配置、社会组织的有效参与以及政府的引导来推进社会服务，并使其适应变动的居住环境，具有很强的政治意义。

（3）本书的研究主题是城镇化与城乡统筹中的重要议题。目前，农村空心化加剧，居民建新房不拆旧房，“外扩内空”，居住空间以零散性为特征，造成大量的土地荒废。农民居住空间格局的调整影响着变动的城乡统筹格局，进而影响社会服务体系变动。因此，这是一个重要的城镇化议题，也是重要的民生问题。

（4）本书的研究主题也是社会治理中的重要议题。本书将从社会空间视角思考社会工作体系的建设与发展，探讨社会管理、社会服务的空间命题。

应该说，社会服务问题不仅是经济问题，也是社会问题，更是政治问题，因此，对其做交叉性研究具有很强的现实和理论意义。

第三节 研究的基本思路

改革开放后，快速推进的新型城镇化与大规模的人口流动造成了城乡居住空间的急剧变动，而随着日趋深入的住宅商品化改革以及人们生活水平的不断提高，作为体现居民生活的品质与身份地位的象征的居住空间，城乡居民对其有了更为复杂的思考。人们的居住空间已经进入了“消费层级化”和“需求多样化”时期，不同的人群有了不一样的选择。除了满足居住这个基本功能之外，人们对居住空间的区位、品质和舒适度等的要求在不断提高。众所周知，居民的居住社区是开展社会服务的主要依托，因此，居民居住空间的调整也对我国现行的社会服务体系提出了新的挑战，社会服务体系亟须完善。概而言之，快速新型城镇化战略、流动人口规模扩大会加速调整居住空间结构，进而导致居住空间结构的阶层化日益明显，而居住空间的聚类变动需要相应的社会服务体系与之配套，社会服务体系改革势在必行。本书针对“民生”“管理”“服务”展开研究，寻求理论创新。

本书集中研究的问题为：基于快速推进的新型城镇化与大规模的城乡人口流动导致的城乡居民居住空间变动，提出对社会服务体系建设的要求。如何设计社会服务体系，才能促进民生，才能有利于社会治理，这是本书着重讨论的议题。这其中涉及如何调动政府、市场以及社会的力量参与社会服务体系调整性建设，进而促进“以社区为基础的整合性社会服务体系”建设。

本书的思路分析框架如图 1-1 所示。

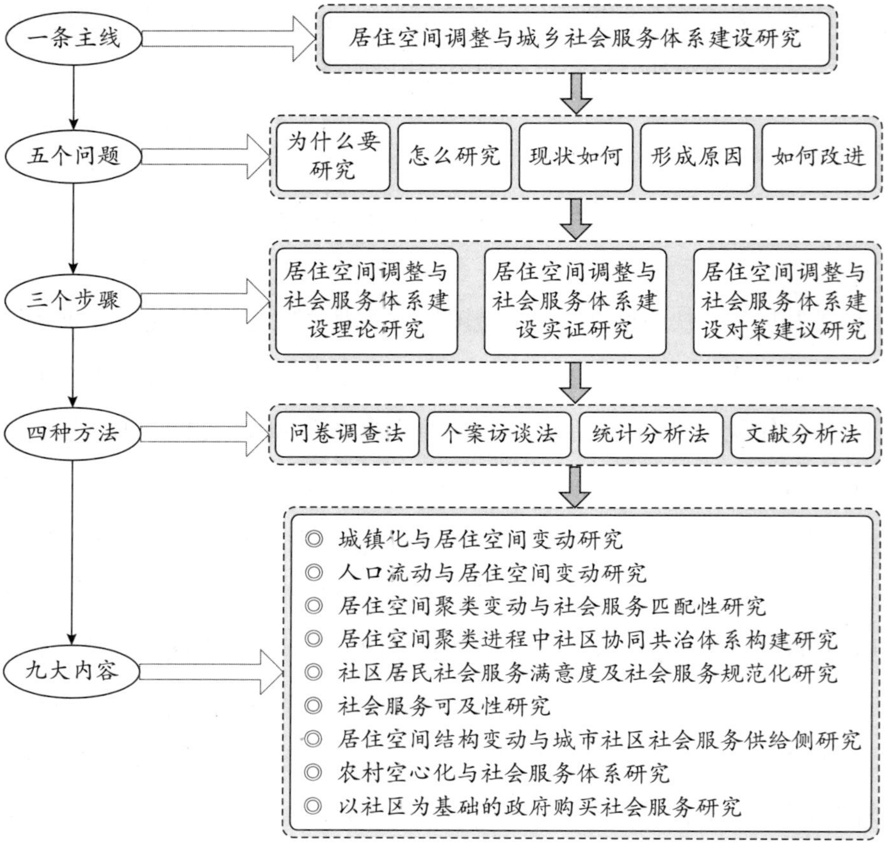

图1-1　思路分析框架图

对快速城镇化背景下的居住空间调整与城乡社会服务体系建设研究是本书的研究主线；依据该主线，我们提出了五个基本问题，即为什么要研究(研究意义和价值)、怎么研究(研究思路和方法)、现状如何(居住空间调整和社会服务体系建设存在何种关系和问题)、形成原因(如果出现了一定的问题，那么是什么因素造成的)、如何改进(在客观分析的基础上提出相应对策建议)。对这五个问题的研究构成了本书的三个研究步骤，即居住空间调整与社会服务体系建设理论研究、居住空间调整与社会服务体系建设实证研究以及居住空间调整与社会服务体系建设对策建议研究。研究方法的选择合理与否是衡量一项研究是否科学的重要评判标准，为了保证研究的科学性和深刻性，本书综合采用了问卷调查法、个案访谈法、统计分析法和文献分析法这四类研究方法。最后，本书主要包括以下九项研究内容，分别是城镇化与居住空间变动研究、人口流动与居住空间变动研究、居住空间聚类变动与社会服务匹配性研究、居住空间聚类进程中社区协同共治体系构建研究、社区居民社会服务满意度及社会服务规范化研究、社会服务可及性研究、居住空间结构变动与城市社区社会服务供给侧研究、农村空心化与社会服务体系研究、以社区为基础的政府购买社会服务研究。

第四节　研究的创新之处

本书的创新之处主要有：

（1）从研究理念来看，本书以城乡居民居住空间变动为基点构建以社区为基础的整合性社会服务体系，其研究背景涉及中国快速城镇化，体现以人为本理念，致力于提升中国政府的社会治理水平，寻求底线公平与差别公平之间的有机结合。

（2）从研究问题的具体内容来看，本书针对城镇化背景下城乡居住空间变动的实际，以城市居住空间阶层化、农村居住空间"空心化"为研究的出发点，提出了两大社会场域——居住空间与社会服务体系之间结构性匹配的可能性，并试图探索出与之相适应的社会服务体系的具体构建之路。

（3）在方法应用和实证研究方面，本书强调问题意识与实证归纳研究之间的结合。

第五节　研究的主要内容与基本观点

一、研究的主要内容

1. 城镇化与居住空间变动研究

随着城镇化的快速发展，流动人口向城市聚集，加速了居住空间变动。在城市生活的流动人口遇到的最基本、最严峻的问题是居住空间的变动问题。流动人口在选择居住空间时，不仅要注重满足居住功能，还要注重满足社会互动功能。本书将探究人口流动如何影响居住空间的变动、流动人口居住空间转换的状态与时空特征、人口流动与居住空间选择的影响因素以及居住空间变动的基本对策，以破解城乡流动人口的城市融入问题，实现流动人口的居民化、居住空间城市化，而这正是人们安居乐业和社会稳定的关键所在。

2. 人口流动与居住空间变动研究

该部分研究人口流动如何影响居住空间的变动，分析人口流动与居住空间分布情况，人口流动与居住空间变动的联动影响，人口流动与居住空间变化给公共服务提出的新要求，以及社会工作在社区整合性服务中的探索。

3. 居住空间聚类变动与社会服务匹配性研究

该部分研究农村社区空心化及其人口特征、健康特征、环境特征、服务指数特征，城市社区居住空间复杂化逻辑，城乡居住空间社会服务设施布局结构，社会服务快速有效传达方式组合。

4. 居住空间聚类进程中社区协同共治体系构建研究

住房变革带来了社会分化与居住空间聚类。在居住空间聚类进程中，传统的社会关系被打破，新的“社区人”意识尚未建立，出现了行政主导型社区管理效能逐渐衰减、多元互动合作治理中内部主体缺失、社区治理主体间合作网络重建度不足等社区治理障碍，需要调整认知，打造“智慧社区”线上虚拟空间与“三社联动”线下实体平台，推动社区的整体营造。针对居住空间聚类，探讨如何开展“三社联动”，提升社区治理水平。

5. 社区居民社会服务满意度及社会服务规范化研究

公众社会服务满意度是居民对社区社会服务的最直观感受，是衡量一个社区社会服务好坏的有效测量指标，也是社会服务供给侧改革的重要参照指标。依据“流动人口居住空间变动与社会服务体系状况”调查得到的数据，该部分对当前我国社区居民的社会服务满意度现状及其影响因素进行建模分析，得出结论：可以通过完善社会服务供需沟通渠道和构建社会服务分类供给体系等方式，助力解决当前我国社区公共服务的供给侧难题。

6. 社会服务可及性研究

该部分研究如何管理新开发楼盘，既有社区如何在本社区人口变动（包括人口数目变化、人口构成变化及老年化）的环境中构建社会服务，不同类型社区如何与政府购买社会服务相关联，社会服务如何在不同类型的居住区形成有效管理与送达体系。

7. 居住空间结构变动与城市社区社会服务供给侧研究

城镇化背景下居住空间结构的变动，使得居住空间出现聚类，现代社区、发展中社区、传统社区等社区类型凸显。这种居住空间结构的变化是因为居民收入的不平等，造成了社会服务资源分配的不均衡。一方面，居住空间阶层化带来了社会服务需求的多元化，而城市社区社会服务的供给往往忽略了这种新的变化趋势；另一方面，由于城市社区社会服务受利益趋使，对于消费能力弱的传统社区居民和低收入人口等弱势群体来说，城市社会服务呈现出分配不均现象。因此，面对城市社区居民社会服务需求与供给的不协调情况，宜建立政府与社会组织共生型社会服务合作供给模式，以增强社会服务供给的有效性。

8. 农村空心化与社会服务体系研究

因快速推进的新型城镇化与大规模的人口流动而产生的城乡居住空间变动对社会服务体系提出了要求。为满足农村空心化下农村居民的多元化需求，避免进一步导致农村社会服务空心化问题，需要建立以社区为载体，由政府、非政府组织（Non-Governmental Organizations ，NGO）、非营利组织（Non-Profit Organization ，NPO）、企业、社会公众等多方参与，整合社区医疗服务、养老保障服务、教育服务等的供给机制，形成以社区为基础的多元化、整合性、“三社联动”的互嵌互补的社会服务体系，为农村社区居民提供合法、有效的服务，增进社会整体、社区、家庭以及个人的福祉。

9. 以社区为基础的政府购买社会服务研究

该部分主要研究政府购买服务的种类、性质和内容、方式及监督评价机制等，以及如何针对不同类别的居住区推进专业社会工作，提供专业社会服务。笔者还探讨了如何服务流动人口和特殊人群，以减少社会矛盾、维护社会稳定。

二、基本观点

本书提出和证明的主要观点有：

（1）新型城镇化战略的推进、流动人口规模的扩大会加速调整居住空间结构，进而导致居住空间结构的阶层化日益明显。

（2）居住空间的聚类变动需要相应的社会服务体系与之配套，因居住空间的分异，应有不同层级的社会服务供给，如市场化渠道给现代社区、政府保障渠道给传统社区等。针对现代社区，居民可以通过市场交易手段获得较高品质的社会服务；政府主要起着规范市场、监督管理的作用。而对于传统社区，居民应获得保障性社会服务；政府要通过出资购买服务，遴选社会工作专业机构参与社会服务供给，并监控其服务质量。建立“三社联动”机制，充分发挥社区、社会工作、社会组织的作用。以社区为平台，以社会组织为载体，以社会工作为支撑，促进“以社区为基础的整合性社会服务”模式的推行（廖鸿冰 等，

2017）。居住空间的种类与社会服务的性质有匹配的必要性与可行性。

（3）“以社区为基础的整合性社会服务”模式强调社区在落实社会服务上具有无可比拟的优势。社区是打通社会服务“最后一公里”的关键。社区社会服务具有低成本、高效率、易推行的优点：一方面，使居民既可以享受社会服务，又不用脱离方便温馨的家庭和社区环境；另一方面，以社区力量为基础，充分整合和发挥各方力量，对缓解社会服务需求压力具有重要作用。这一模式符合社会底线公平、差别公平原则，有利于社会服务体系建设与和谐社会建设。

（4）因居住空间的变动，城乡居民会产生新的服务需求。对居民新产生的需求做前瞻性研究有利于社会服务体系的建设与调整。

（5）以居住空间变动来调整社会服务体系可以提升地方政府的合法性，增强社会工作的针对性。建立健全政府服务体制机制，完善相关政策措施，加大政府购买社会服务力度，建立多元参与社会服务供给机制，重构政府与社会组织的合作伙伴关系，构建新型的政社合作模式，构建良好的社区生态环境，使城乡居民感受到党和政府的温暖，促进社区团结与社区和谐稳定。

第二章　研究综述

居住空间调整与社会服务体系建设是两个比较大的领域，国内外学者分别在这两个领域内做了相当多的研究。

第一节　居住空间方面的研究

居住是城市空间的一项重要的功能。“居住是个人保障、社会财富、社会地位以及服务性配套设施等有限性空间资源的决定性因素之一”（吴启焰 等，2012）。陈俊峰（2012）在《城市居住空间分化与融合研究》中指出，居住空间是指具有居住功能的地域空间。它包括居住区土地、建筑物、配套设施等物质性因素，也包括居民所进行的文化体育活动等社会性因素，还包括居住区的植被、地理面貌等环境因素。它具有物质性，是一个空间地域形态；具有社会性，是一个社会组织形态；具有生态性，是一个城市生态系统的有机组成部分；具有可感知性，是特殊的、有意义的、被人们所感知的场所；具有文化性，是一个反映不同时代的文化价值与文明成果的场所。李斌（2015）在《中国城市居住空间阶层化研究》中指出，居住空间阶层化是指某类居住空间居民单一的社会阶层集中，不同阶层的居民分别归属于不同类型的居住空间。居住空间是社会结构分化现象在人们的居住空间上的反映，是社会阶层在居住者空间布局上的具体体现。居住空间既是各种建筑组合而成的物质空间，又是人们居住活动所形成的社会关系空间（田艳平，2009），其实质上反映了一种社会关系的社会空间。居住空间结构是城乡空间结构相互作用的社会空间统一体。居住空间的阶层化是由人们的社会经济地位的差异造成的。一种情形是，社会经济地位得到提高的人会主动迁出原社区，寻找与自己的社会阶层相符的社区居住，将原社区留给社会经济地位相对较低者；另外一种情形是，社会经济地位降低了的人会主动迁出原社区，寻找与自己的社会阶层相符的更低层的社区居住。不同的居住空间，其居住环境、交通状况、生活品质、受教育机会等方面有一定的差异。这种居住空间结构分化，形成了居住空间分异。不同的群体在选择居住物质形态上就会趋于同类居住。在我国实施住房商品化政策后，通过房价的"过滤"以及不同的社会经济差异的"分选"机制（王平 等，2013），人们开始根据自己的社会经济地位、文化价值取向等选择符合自己身份地位的住房。居住空间形成一种居住分化甚至相互隔离的现象（蒋亮 等，2015）。居住空间分布趋于相对集中、独立，以至相对分化（廖鸿冰 等，2019）。

国外学者对城市居住空间变动方面的研究持批评态度占多。他们重点研究城市化加速导致的住房问题，如城市平民的住房问题、非法定居者的住房问题、政府公房问题等。国外的代表性观点有：

（1）生产资料观。这种观点倾向于将住房视为获取利益的来源，于是就有所谓的有房阶级与无房阶级，如马克思、恩格斯就专门揭露了住房所形成的剥削关系。住房是私有市场的一种供给形式，不仅大部分的人无法拥有体面廉价的住房，而且住房会陷入一种与大多数人的经济利益相冲突的矛盾之中。

（2）供需失衡观。该观点将住房视为市场产品。有专家认为，当前我国城镇居民住房制度改革的成效已在缓慢显现，市场保持着稳中有升的发展趋势。但住宅市场仍然问题重重，尤其表现在供给与需求的脱节上。一方面是大量的住宅有待销售，另一方面，许多急需住宅的家庭没有购买能力。因此，住宅市场供需失衡就成了一个急待解决的问题。我国城市住宅供给存在缺乏弹性、层次性和滞后性三个主要特点，应采取供给侧改革措施，解决住房过剩的局面。同时，要大力发展和规范中国租房市场。政府要大力清理闲置的城市住宅土地，加大推进旧区危房改造力度，继续采取措施抑制房地产投资的投机性需求，争取使城市住宅用地供需更趋平衡（刘宽，2020）。

（3）社会指标观。该观点将住房的运行状况视为社会和谐度的一个综合指标。空置率是反映楼市是否过度投机的一项重要指标，也是反映住宅市场供求关系、楼市泡沫程度与社会财富分配的公平程度的一项指标。住宅资产已经成为我国居民家庭资产最主要的组成部分。随着城市经济发展和房价快速上升，住宅资产增值速度加快，住宅资产在居民总资产中所占比重越来越大，且不均等程度迅速提高，导致财产分布差距大幅超过收入分布差距。

（4）增长观。该观点从城市增长机器理论出发，认为城市住房的快速发展有利于财富积累以及人口的集中，进而产生累积效应。“增长机器”是全球化激烈竞争环境下城市政府与某些能促进经济快速增长的资本力量结合的一种城市增长联盟，它以牺牲弱势群体的利益为代价谋求城市经济的发展。目前，这种联盟在处于转型期的中国城市发展中广泛存在，并突出表现在房地产市场。它在使城市获得短期经济快速增长和面貌巨变的同时，产生了广泛而严峻的经济、社会负效应。保障性住房的建设是弥补“增长机器”缺陷的一种有效方式，可称之为一种新的增长机器，有助于实现中国城市的良好发展。

中国工业化、城镇化的快速推进，使得城乡人口流动成为不可避免的事。而随之产生的居住空间变动已经引起了许多学者、专家的关注。李斌（2013）教授认为，城市居住空间的格局变迁是由流动人口的主动城市化与失地农民的被动城市化形成的。居住空间变迁中的格局使得城市管理的既有模式被打破，社会服务体系供给的机制与体制需要重新调整。另外，城乡居民经济收入的差距不断拉大是居住空间分异以及阶层化产生的基本条件；城市楼盘位置的优劣决定了住宅价格多样化，造成了居住空间结构分异，使居住空间阶层化成为可能；商品房政策的实施和市场化的住房销售，成为居住空间阶层化的动力机制；既有单位制的瓦解、社会流动的增加构成了居住空间阶层化的加速器。

关于居住空间调整与社会服务体系协调性变动，学者们已经达成基本共识：

（1）城市化加速导致城市居民的居住空间结构化变动更加复杂，居住空间阶层化更加明显。

（2）居住空间呈阶层化发展，社会结构分化也就更加明显，阶层化意蕴有所提升。住房商品化改革制度影响了人们的居住选择，进而加速了人们居住空间的阶层化趋势。

（3）居住空间是社会管理、政治管理与市场管理的载体。

（4）居住空间的流动性挑战既有的社会服务模式，需要管理哲学、社会政策的适应性更新（廖鸿冰，2016）。

第二节 社会服务体系方面的研究

社会服务在西方发达国家实施已经有一百多年了，它是现代社会的产物，是基于社会问题而实行的一种制度性安排。英国是最早提供社会服务的国家，当时是为了解决工业革命带来的突出的社会问题。英国的理查德·蒂特姆斯（Richard Titmuss）教授是第一个提出“社会服务”概念的人，他认为社会服务就是贫困救济（王波 等，2010）。但是，由于各个国家和地区的意识形态、制度与文化差异，至今人们对社会服务还未形成一个统一的定义（徐延辉 等，2012）。经济学家辛格曼（Singelmann）认为，社会服务是最终需求型服务，包括政府、教育、邮政、医疗和保健业、福利和宗教组织、医院、非营利机构等提供的服务，以及其他专业化服务（阮雪梅，2013）。社会服务表面上看通常是由社会福利机构实施的活动，但主要是由政府部门以公共服务的形式来提供的。在西方发达国家，社会服务被认为是社会福利性质的，是以非现金形式为个人或社区提供的服务（王思斌，2014）。它与社会工作是同义的（杨荣，2014）。我国学者也对社会服务进行了解释，认为社会服务是“针对那些处境不利的人，通过提供支持性的服务和项目，改善他们的生存状况，实现社会融合，维护社会公正”(廖鸿冰 等，2017)。张金花等(2003)在《对我国社会服务理论与实践的考察》中指出，社会服务存在于不同的领域，有着不同的价值取向；将社会服务分为经济型服务、生活型服务、扩展型服务、志愿型服务。

(1)关于社会服务的定义，学术界有不同说法。国际劳工组织将社会服务定义为针对大多数脆弱群体的需求和问题所进行的干预(Fultz et al.，2004)。世界卫生组织关于社会服务的定义则是，针对那些由于年龄、贫困、失业、健康状况恶化和残疾等，在购物、住房、交通、自我照料和他人照料等方面需要公共援助的人，所提供的社会支持性的服务和项目(李兵 等，2011)。

(2)关于社会服务的内容，也存在不同的看法。有学者提出社会服务应分为狭义的社会服务和广义的社会服务。狭义的社会服务主要包括收入保障、医疗和健康保障、社会福利三项措施；广义的社会服务则在狭义的基础上还包括就业保障、教育保障、法律援助和住房保障等。上述有关社会服务的内容，同当今我国大力推行的社会工作服务的内容大体一致。

(3)关于社会服务体系构建的理论视角。西方国家关于社会服务体系的理论构建主要以福利经济学、政府失灵理论、市场失灵理论、公共产品理论、新公共服务理论、新公共理论等理论为指导，讨论社会服务的提供内容、社会服务的提供主体以及以何种方式提供的问题。目前学术界的主流观点是社会服务应该以政府为主导，社会组织参与，以市场化手段实施供给。

(4)关于社会服务体系构建的理论与实践趋势。美国、欧盟、以色列、新加坡等在更广泛的社会福利领域内，使用“个人社会服务体系”的概念。随着经济社会的发展、人们认识的加深，社会服务体系逐步分化为“个人的社会服务体系”(personal social services，PSS)和“整合的社会服务体系”(intergrated social services，ISS)。整合的社会服务体系已经成为近年来学术界的研究热点。个人的社会服务一般针对个人的具体情况和具体需求而提供，比较典型的是为老年人、残疾人、孤儿及需要照料的人提供社会服务。为个人提供社会服务的组织可以是政府，也可以是非营利组织、非政府组织或者营利性组织。在社会服务社会化的今天，第三部门公民社会组织越来越多地参与社会服务供给。社会服务的整合分为垂直整合和水平整合。我国学者杨君等（2013）提出了新社会服务体系的概念，认为它是政府通过购买服务的方式，由社会组织向有需要的人群提供一些具体的服务，以改善公共服务、创新社会治理的一个体系。在工业化、城镇化背景下，由于人口流动的加速而导致居民的居住空间调整，致使社会服务体系构建产生变化。西方发达国家更多地选择以社区为基础的多元化社会服务体系。如英国以社区为基础的多元化社会服务体系能够有效整合个人的社会服务与整合的社会服务，使服务对象能够获得更有效的、高质量的服务，能够提升政府购买社会服务的效率。

社会服务对我国来说，是一个比较陌生的概念。但在西欧、北欧和北美，经过一百多年尤其是第二次世界大战以后多年的研究与实践，政府与社会对社会服务的认识已经足够深刻。西方发达国家已建立了比较完善的社会服务管理机构和政策法规。社会服务在化解社会矛盾、维护国家稳定、实施公平正义、促进社会发展方面起到了重要作用（李兵 等，2011）。我们认为，社会服务既包括对社会成员全体的普遍性需求而提供的服务，又包括针对具体情况和具体需求而提供的各种形式的服务，还包括针对因人口流动导致的社会居住空间不同的居民而分类分层提供的社会服务。当前工业化和城镇化的快速推进，居住空间的聚类，社会流动结构的变化，加剧了社会阶层的分化与重组（倪明胜，2012）。这就要求社会服务体系做出相应的变动，根据不同社区类型、不同群体类型，有差别地提供多种形式的社会服务，因而也就需要建立“以社区为基础”的整合性社会服务体系，满足社会不同层次、不同类型的人群的需求，以“缓和贫富分化，减少社会矛盾，保持国家稳定，维护社会公平，促进社会发展”（李兵 等，2011）。

第三节 居住空间变动与社会服务体系调整

如前所述，由于人口流动的加速而导致居民的居住空间调整，促使社会服务体系构建产生变化，西方发达国家更多地选择以社区为基础的多元化社会服务体系。比如老年人的医疗照料，是需要社区管理者以社区为基础来综合考虑的问题。

在我国，城镇化背景下城乡人口流动的加速，导致居住空间结构的变动。城市的居住空间阶层化日益明显并呈现极化趋势，农村“人口空心化”“村落空心化”“社会服务空心化”逐渐成为常见的社会现实。如何应对因为社会转型与快速推进的城镇化建设而产生的贫困问题、健康问题、就业问题、法律援助问题、教育问题和住房保障问题等，正在考验我国的社会服务体系运行机制（廖鸿冰 等，2017）。

第四节 对相关研究的述评

在工业化、城镇化的快速推进下，城市人口流动随之加快，人们的居住空间也产生了变动，不可避免地造成了居民因社会经济地位的变动而形成的居住空间分异。在住宅商品化、市场化条件下，住房的分选机制使居住空间成为社会民众人际互动的隔离空间。居民由于职业背景不同、经济地位变化、生活品质差异、文化价值取向不同，在住宅的选择上趋于与社会地位相同或相近的人相聚。新建小区由于品位与价格本身的差距而吸引不同社会阶层的人，从而自然形成不同的阶层社区。因此，富人社区、中产阶级社区和贫民社区就开始成片集中出现（潘雨红 等，2012），由此伴随着贫富分化而来的阶层分化日益明显，进而形成了现代社区、发展中社区、传统社区。各类社区居民对社会服务的需求有所不同，他们各自的追求也不同，这使得有限的社会服务资源供给难以匹配到位，出现诸多的社会问题。如何使社会服务资源得到有效配置，如何构建与之匹配的社会服务体系，已成为影响城镇化发展与社会和谐稳定的重要因素（廖鸿冰 等，2019）。

国内外学者从学理上论及了居住空间以及社会服务的政治、市场、社会与文化意蕴，并提出了很好的见解，既有研究也揭示了社会服务体系构建的一般趋势——以社区为基础的多元化社会服务体系，是流动性社会有效提供社会服务的载体。但笔者认为，针对“以社区为基础的社会服务体系”，需要进一步厘清一些基本问题。首先，因居住空间而产生的理论问题。本来住房属于生活必需品，但是学术界对住房内涵的“生活”意义挖掘不够，对变动的居住空间内涵的“生活”“发展”意义探讨得更少。其次，社会服务体系的构建问题。中外学者很少将社会工作专业体系发展与社会服务的提供有机结合进行研究。我们认为，社会管理、社会服务目前已经被中国政府提升到特别的高度，而实际操作层面，到底应该由谁来提供服务以及如何提供服务才更具合法性、有效性，并确实能够增进社会整体、社区、家庭以及个人的福祉，这一问题也没有很好的解决方案，所以本书提出建立“以社区为基础的整合性社会服务体系”应对因变动的居住空间调整而出现的社会服务问题。

第三章　理论依据

第一节　理论基础

一、居住空间理论

作为城市的基础性、保障性物质载体，城市的居住空间结构及其特征是城市空间结构的重要组成部分。就严格的学术发展史而言，并没有一种专门的理论叫作居住空间理论。但是毋庸置疑，自现代城市逐步发展壮大以来，居住空间一直都是学术界密切关注的话题。在不同学科背景的学者对城市居住空间的长期关注中，五种各具特色的居住空间理论流派逐渐形成，分别为：人类生态学取向的生态学派、新古典经济学取向的新古典学派、行为理论取向的行为学派、历史唯物主义取向的马克思主义学派以及社会学取向的制度学派。居住空间理论研究主要学派的具体描述如表3-1所示。

表3-1　居住空间理论研究主要学派的具体描述

学派	理论基础	研究内容	代表学者
生态学派	人类生态学	居住结构的空间模型	伯吉斯、霍伊特
新古典学派	新古典经济学	效用最大化，消费者区位优选	阿朗索
行为学派	行为理论	住宅区位的选择和决策	穆斯
马克思主义学派	历史唯物主义	住宅区位与社会力量之间的相互作用	哈维、卡斯泰尔
制度学派	社会学	住宅社区与权利集团的冲突， 住房供给与分配的制约因素	帕尔

（一）生态学派的居住空间理论

生态学派较早开始了对居住空间的研究。该学派借助人类生态学理论的基本观点来研究城市的居住空间，并在此基础上推演居住空间结构的动态演变。其一，他们认为，城市居住空间的形成是一个动态的生态竞争过程，居住空间结构是众多因素杂糅耦合的结果，这些因素包括区位、种族、阶层、文化、地理环境等。其二，该学派的最大特点是采用阶层、生命周期和种族三个指标来描述社会群体在城市的空间分布，并借鉴"生态隔离""侵入和演替""竞争"和"优势"等生态学观点来分析和解释特定类型的城市居民在特定地区、相邻地区的活动和分布。其三，我们所熟知的城市空间分布的"同心圆模型""扇形模型""多核心模型"（Harris）等模型都是该学派的学者提出的。

（二）新古典学派的居住空间理论

在古典经济学家看来，社会是由一群具备"完全理性"的个体集合而成，个体一般在理性考量下做出自己的行为选择。此即新古典经济学的"理性人假设"概念。与之相类似，以新古典经济学为理论依据的新古典学派的居住空间理论家普遍将"居住成本"（地价成本、交通成本、生活成本等）视为分析城市居住空间结构形成和变迁的核心。该学派的居住空间理论主要有四个前提假设：第一，偏好假设。拥有主动性的个体消费者具有自己的选择偏好，而当前市场上的商品生产和服务则是消费者偏好的具体反映。第二，充分信息假设。充分而完整的信息是消费者做出行为选择的基础，所有的住户和企业都具有对称且充分的信息。第三，效用最大化假设。在完全理性和充分信息假设下，主体间的行为选择将达到"帕累托最优"（pareto optimality）和"纳什均衡"（nash equilibrium），家庭和企业能够分别实现效用最大化和利润最大化。第四，流动性假设。所有的市场主体和资源都具有完全的流动性，市场参与者可以自由地选择进入市场或者退出市场，而任何一种市场资源都可以从一种用途转移到另一种用途中。

基于此，该学派认为，住户总是在一定的预算约束下，选择合适的交通成本和住房价格，以实现效用的最大化（刘旺 等，2004）。在新古典模型中，住户和企业在一个完全竞争的土地上为可得到的空间区位进行投标，而土地拥有者会将土地出售给竞价最高者。住户和企业的竞标函数是住户和企业对不同区位的地租愿意投标的数值；在均衡的条件下，竞标地租最高者占据城市中心的区位。

（三）行为学派的居住空间理论

行为理论突出强调主观性在个体行为过程中的主导作用。从行为理论入手对居住空间进行分析最早可以追溯到关于决策过程的区位行为研究。该研究指出，个体的行为会受到两种外在环境的影响，即“现象环境”（phenomenal environment）和“行为环境”（behavioral environment），其中，现象环境指个体所处的自然现实的外部世界，而行为环境则特指个体做出行为选择时的主观感知环境。居住空间的选择和变动（迁居）实际上是个体在感知和适应外部环境后做出的行为选择。行为学派特别指出，研究个体的居住区位选择，必须重点关注行为环境和现象环境之间的关系。

（四）马克思主义学派的居住空间理论

20 世纪 70 年代流行起来的新城市社会学派是芝加哥人文生态学派的对立方。该学派认为，传统人文生态学关于“城市空间将通过竞争与演化而自动达成社会平衡”的观点无法解释欧美社会因城市发展而普遍出现的骚乱和动荡等社会问题，因此需要一种新的解释框架。新城市社会学借用马克思历史唯物主义的观点分析城市居住空间问题，构建了一套以资本积累、阶级斗争和城市化为核心的居住空间理论体系。新城市社会学的代表人物是卡斯泰尔和哈维。

卡斯泰尔提出，城市居民的生活方式“是资产阶级工业化的文化表现，是市场经济和现代社会理性进程的产物”（Castells et al.，1976），而公共资源的空间分配机制受权力和资本支配，国家组织了市场，形塑了城市空间（李斌 等，

2018）。作为城市系统的主要消费对象，城市空间结构是各种社会力量（个人、集体、政府、组织和市场等）相互博弈和竞争的结果。有国内学者提出："资本主义在任何区域范围内都呈现出一种'中心—边陲'的二元结构，资本家聚居于地区中心，具有足够宽松甚至是奢侈的空间、良好的生态环境以及一般人难以获得的金融、信息和网络资源；而'劳动者'居住的边陲地区则呈现被掠夺和生态恶化的现象，与高污染、高能耗企业相伴，交通拥挤，治安混乱，生活不便，信息不灵"（李斌 等，2018）。

哈维进一步发展了卡斯泰尔的居住空间理论，在他看来，"城市化的所有问题都可以归纳为资本积累和阶级斗争这对矛盾之间的作用"（Harvey，2010），当然也包括城市居住空间问题。哈维提出了著名的"资本三级循环"理论①，指出住房问题贯穿于三级循环之间，而居住空间的分异是社会阶层划分最为直接的体现。

（五）制度学派的居住空间理论

制度学派的研究重点是城市住房供给和分配的制度性因素，主要代表人物是帕尔。帕尔认为：第一，分析城市的居住空间特征和分异，核心是对各种政治、经济、文化、社会和空间限制等因素及其相互作用的研究；第二，分析这些限制性因素的关键是对住房资源的供给者和分配者在决策过程中所遵循的规则、目标、行为方式的研究，正是这些人对住户所能获得的住房及其空间区位起着决定性的作用，帕尔将这些人称作"城市管理者"（urban managers）②。这些人既是城市的管理主体，也是城市的参与者，主要包括以下人群：土地市场中的土地所有者和租赁者，建筑市场中的开发商和建筑商，资本市场中的资本家

① 哈维在借鉴马克思地租理论的基础上提出著名的"资本三级循环"理论，其中：初级循环是生产资本，即资本向生产资料和消费资料的投入；次级循环是固定资本和消费资本，即资本向物质结构和基础设施的投入；三级循环是科技资本和劳动力资本，即资本向科、教、文、卫和社会福利事业的投入。

② 因而制度学派也被称作"城市管理学派"。

和金融机构，交易市场中的经纪人，地方政府中的土地管理者和规划者（刘旺等，2004）。

二、社会分层理论

社会分层源自地质学研究中的“分层”概念。社会学借用该概念来刻画和说明人类社会中存在的群体分层现象（主要是纵向分层）。当前学术界对社会分层的研究大致可以归纳为两种理论视角：一种是将社会分层视为客观过程的宏观表现，即认为社会分层是社会成员在社会生活中因掌握社会资源的能力和机会的不同而呈现出的高低有序的等级或层级样态；另一种视角则更偏向主观性，他们普遍将社会分层看作一种依据一定的标准将社会成员划分为高低有序的等级或层次的方法（刘祖云，2002）。

首先，作为一种客观过程和现象，社会分层是人类社会的一种普遍现象。就历史的逻辑而言，从原始社会到前现代社会再到现代社会，任何一种社会形态都存在着明显的社会分层现象，只不过表现形式略有不同。邓晓臻（2008）认为：“由于生产力的发展历史表现出一定的阶段性，社会的组织形式与社会的观念和意识形态也表现出一定的阶段性，社会分层也因此显示出不同的历史形态。”在奴隶社会和封建社会阶段，社会分层具体表现为等级，其划分标准主要是政治权力；在近代自由市场经济阶段，封建专制被资产阶级革命所瓦解，以政治特权为标志的等级制被以经济为基础的阶级划分所代替，社会分化为以资产阶级和无产阶级为代表的阶级社会，划分标准为生产资料的私人占有与否；在社会发展超越自由市场经济阶段后，社会分层的主要表现就成了阶层分化，虽然阶级仍然存在。社会分层的标准总体上从单一机械的社会资源占有向多元有机分层转变。李强等（2002）总结了我国社会发展变迁过程中国内理论界关于社会分层理论研究的五个阶段，分别为：中华人民共和国成立后至1957年为第一阶段，该阶段我国的社会分层表现出阶级分层的特征；1957—1978年为第二阶段，该阶段主要根据人们的家庭出身、政治身份、政治立场和政治观点进行政治分层；第三阶段为1978年至20世纪80年代中期，该阶段我国主观的政治分层体系开始向“客观的阶级结构”回归；20世纪80年代初期至20世纪90年代初为第四阶段，该阶段中国学术界出现了对贫富差距的大讨论；20世纪90年代至今为第五阶段，这一时期分层研究模型的多元化趋势日益明显。

学术界关于社会分层的第二种视角的讨论主要集中在分层的划分标准上。论及社会分层的划分标准问题，最具代表性的当属马克思和韦伯的社会分层理论。马克思认为，对生产资料的占有（是否占有及占有多寡）是决定社会分层（马克思称之为阶级划分）的唯一标准。它直接地体现在以下两方面：一方面，对生产资料的占有决定了人们在生产、生活中的社会地位；另一方面，社会地位的不同突出地表现在不同地位角色个体的生活方式上，“占有大量生产资料的人凭借占有生产资料剥削别人来养活自己，占有少量生产资料的人是通过出卖自己的劳动力来养活自己”（刘祖云，2002）。韦伯在吸收马克思“经济－地位”社会分层论的基础上提出，除了经济因素（生产资料占有）、权力（政治党派）和声望（社会地位）同样是划分社会分层的标准，即我们常说的“利、权、名”。就这样，韦伯构建了他三体一位的社会分层理论体系。有关社会分层标准的讨论也吸引了很多国内学者的目光，最具代表性的当属清华大学李强教授总结的社会分层划分的10种资源，即生产资料资源、财产或收入资源、市场资源、职业或就业资源、政治权力资源、文化资源、社会关系资源、主观声望资源、公民权利资源以及人力资源。

三、社会流动理论

社会流动主要指个人社会位置的变化及个人社会属性的变化，这些社会位置及社会属性包括阶层、职业、收入等。社会流动的过程实则是社会资源重新分配和占有的过程（陆学艺，2003；张翼 等，2004）。通常认为，社会流动率是衡量一个社会是否合理和开放的重要标准，合理的社会流动有助于社会有机体的良性运行。如果人们在不同的社会位置能够通过个人努力而获得自由的流动，处于社会下层的人就能够改变自己的不利地位，而处于社会上层的人也有可能丧失自己的优势地位，那么整个社会资源的分配将比较合理和公平。依据不同的标准，社会流动可划分为不同的种类：根据流动方向，可分为垂直流动（vertical mobility）和水平流动（horizontal mobility），其中，垂直流动可进一步细分为向上流动和向下流动两种；根据社会流动的比较标准，可分为代际流动（intergenerational mobility）和代内流动（intragenerational mobility）；根据规模，可分为个体社会流动和团体社会流动；根据流动原因，可分为结构性流动和自由流动；根据流动方式，可分为竞争性流动和赞助性流动。垂直流动和水平流动、代际流动和代内流动是学术界关注较多的社会流动方式。社会学研究领域通常将个体的职业地位改变视作社会流动的标志。当然，在中国的制度背景下，户籍转变和政治身份的变化同样在衡量个体的社会流动中起到了较大作用。

当前学术界有关社会流动较被认可的理论主要包括：社会流动率理论、地位获得模型理论、社会资本理论以及推拉理论等。

（1）社会流动率理论。索罗金（Sorokin）1927 年在其代表作《社会流动》中第一次用现代的关系对社会流动问题展开了系统论述，他提出了“社会流动率”的概念，并强调用量化的方法研究社会流动问题。社会流动率的计算公式为：社会流动率 = 流动人数 / 全部人口。索罗金研究指出，社会流动和社会发展之间存在一种正向的相关关系，社会越流动，发展得越快。高的社会流动率可以作为一种释放底层不满的安全阀。

（2）地位获得模型理论。社会流动领域研究第二代领军人物——美国社会学家布劳（Blan）和邓肯（Duncan）系统地探讨了美国大众 20 世纪 60 年代的职业地位和职业流动，在此基础上构建了一套独特的研究社会流动的理论分析框架，并采用专门化、系统严谨的量化方法进行检验。他们将导致个体社会流动的因素进一步归纳为先天条件的先赋性因素和后天条件的自致性因素，以该两种因素作为解释变量，而将个体的社会地位获得作为目标变量，建立了一个五变量因果模型，即地位获得模型。具体而言，首先，地位获得模型的研究一般会根据地位获得的理论假设，建立包括先赋性因素和自致性因素的统计模型；其次，按照收入水平、教育程度等因素对社会流动中个体的职业地位进行测量；再次，将父代受教育程度、子代受教育程度、子代初职地位等中介变量纳入模型，测量不同因素对子代地位获得的影响；最后，在对结果进行统计检验的基础上，检验理论假设，并推断社会的开放程度。

（3）社会资本理论。社会资本指那些嵌入个人社会关系（指个人的亲戚、朋友、同学、老乡等各种关系）网络中的资源，如财富、人脉、声望、权力等，边燕杰将其界定为“个体通过社会联系稀缺资源并由此获益的能力”。这里的社会联系包括两方面内容：一是指个体与所属组织关系，即“社会成员关系”所形成的社会资本；二是指个体的社会关系网络。科尔曼（Coleman，1987）提出，社会资本是现代社会最重要的资源，是个人获取其他资本的基础。一般认为，一个人能从其关系网络中获得的利益越多，那么其社会资本就越高，就越能获得较高的社会地位。

（4）推拉理论。推拉理论的代表性观点如下：在市场经济、人口自由流动的情况下，人口之所以迁移，移民之所以搬迁，是因为人们可以通过流动和搬迁改善生活条件。于是，流入地的那些使移民改善生活条件的因素就成为流动人口的拉力，而流出地那些不利的社会经济条件就成为流动人口的推力。人口流动就是在流出地的推力和流入地的拉力两种作用下共同完成的。

四、社会发展理论

社会发展理论是对社会发展与变迁这一现象的理论阐述，包括但不限于对社会发展的道路、动力、模式、途径及趋势等的关注。从学科角度来看，社会学高度重视发展问题，并逐步形成了该学科的重要分支——发展社会学。就理论发展脉络而言，不同时代的学者对社会发展问题的关注点各不相同；与之相对应，发展社会学也大致经历了从古典社会发展理论到现代化理论，再到依附理论，最后到世界体系理论的流变过程。

（一）古典社会发展理论

历史发展社会学对社会发展问题的研究可以追溯到19世纪社会学诞生之初。孔德（Comte）关于社会的发展是从军事时代到法律时代再到工业时代的论述，斯宾塞（Spencer）从军事型社会到工业型社会变迁的理论，涂尔干（Durkheim）从机械团结到有机团结的理论，滕尼斯（Tonnies）从社区到社会的理论，以及韦伯所建立的庞大的宗教社会学和比较社会学体系，都在某种意义上以欧洲社会为蓝本，探讨了人类从传统农业社会到现代工业社会的过渡和发展过程。马克思的社会经济形态理论从高度概括的层面上论述了人类社会的一般发展规律。第二次世界大战以后，许多战前的殖民地和半殖民地国家纷纷摆脱原宗主国的控制而独立，它们都面临着如何振兴本国经济、走上真正自主发展道路的问题，以及在经济发展的同时，如何实现政治民主与社会进步，在与外部世界平等交往中重新确立自己在整个世界体系中的地位的问题。

（二）现代化理论

现代化理论是第二次世界大战后出现的第一种社会发展理论，其理论基础是结构功能主义，着眼点在社会流动的社会行为主义。现代化理论沿袭欧洲社会学的知识传统，在社会发展过程的考察中实行传统－现代、特殊主义－普遍主义的二分法，把传统社会视为特殊主义的、以农业为主的、看重身份名位的、静止的、职业分化简单的社会；相对而言，现代社会则是普遍主义的、以工业为主的、看重成就的、动态的、职业分化复杂的社会。传统社会和现代社会是两种具有相互排斥特征的社会，由传统社会向现代社会演进的过程就是现代化。在经济领域，现代化主要表现为国民经济总产值的增加、生产率的提高、工业生产规模的扩大、市场关系的扩展、经济交流的多重化；在政治领域，现代化主要表现为国家意识的强化、权力分配的理性化、政治机构的分化和专业化、决策的理性化和决策效率的提高、民主参与政治的制度化和扩大化；在社会领域，现代化则主要表现为知识水平的提高、教育的普及、社会交往方式的多样化、角色的日益分化、家庭和工作的分离等。

（三）依附理论

现代化理论曾在20世纪五六十年代占据社会发展理论的统治地位。之后，人们把现代化理论套用到发展中国家，结果并未达到期望的效果。20世纪60年代前半期，一批学者尤其是拉丁美洲和非洲国家的学者用发展中国家的发展实例，展开了对现代化理论的猛烈批判，导致了依附理论的产生。其主要代表人物有美国经济学家A. G. 弗兰克（A. G . Frank）、巴西社会学家F. H. 卡多索（F. H. Cardoso）和埃及经济学家萨米尔 • 阿明（Samir Amin）等人。依附理论认为，现代化理论的"西方化"实际上就是一个将发展中国家纳入以西方发达国家为主导的"中心－边陲"经济体系的依附化过程。这个依附化过程从重商主义时代就已经开始，它导致了两种结果：西方国家的发达化和非西方国家的不发达化。现代化理论的传统和现代的二分法，忽视了不同国家的具体历史条件和过程，掩盖了在资本主义经济秩序内发达国家与发展中国家之间形成的宗主国－卫星国的关系，其实质是资本主义势力不断扩张所造成的剥削与依赖关系。依附理论认为，应该在这种剥削与依赖的关系中考察发展中国家的现代化问题，同时强调发达国家对发展中国家贸易援助政策的剥削性以及跨国公司的掠夺性。经过依附理论的批判，现代化理论渐趋衰退。但依附理论又由于本身所考察范围的局限性和缺乏理论性而不能成为社会发展理论的主导性理论。

（四）世界体系理论

美国等西方国家的一些社会学者经过改进和完善，使依附理论逐渐发展成沃勒斯坦等人坚持的"世界体系论"（Wallerstein，1993）。世界体系论的研究兴趣已不再局限于发展中国家的社会发展，它从体系的角度研究世界整体的发展问题。该理论认为：世界体系是资本主义生产内在逻辑充分展开的结果，当前国际事务、国家行为和国际关系都是这一逻辑的外在表现；资本主义的延续性质是由它的深层社会经济结构的基本因果关系所决定的，并且它规定了世界面貌的形成；世界体系的形成同世界范围内的资本积累有密切关系，国家的互相作用体系是世界范围内的资本积累的政治结构；当原有的结构不能容纳世界商品生产和剩余价值分配的规模时，国家之间就会产生冲突；列强的兴衰和世界大战是国家相互作用体系的暴力改组。

五、底线公平理论

底线公平理论是我国著名社会学学者景天魁研究员从中国经验出发所做的关于社会保障和社会福利的基础性理论探讨。自改革开放以来，中国的经济发展取得了历史性突破，经济总量上升至世界第二位。与此同时，在这一发展过程中，人与人之间的收入差距也在明显拉大，贫富差距加大，社会分化加剧，人们对社会公平的诉求也日趋强烈。在这种情况下，妥善处理公平与效率的问题就显得尤为重要。如果不能实现必要的社会公平，就容易发生社会动荡，破坏经济发展的社会环境；如果不保持一定的效率，经济发展又可能陷入停滞。那么，什么样的公平概念适合当前中国的需要呢？景天魁提出，社会保障制度所依赖的公平原则，不是个人意义上的公平，而是社会意义上的公平，即社会公平。社会公平是社会为了实现已经确定的目标（例如保证社会的正常运行、社会可持续发展等）而制定一系列规定，这些规定得到执行，目标实现了，就实现了社会公平。正是在这个意义上，“底线公平”的概念被正式提出。

底线公平虽然最终要落实到每个人的实际利益上，但它直接处理的并不是个人与个人之间的关系，而是社会与个人之间的关系（权利与责任）、政府与社会和个人之间的关系。这也就是说，它是全社会除去个人之间的差异外，共同认可的一条线，这条线以下的部分是每一个公民的生活和发展中共同具有的部分——起码必备的部分，是其必不可少的基本权利。

景天魁（2004）强调，底线公平不能说是最低水平的社会保障。底线公平是指有些基本的、不可缺少的社会保障制度和项目，这些制度和项目可能意味着较低的保障水平，但也可能保障水平并不低。总之，底线公平不是就保障水平高低的方面而言的，而是就政府和社会必须保障的、必须承担的责任方面而言的，是政府责任的底线。在这条底线以上或以外的部分可以由市场、企业和社会组织，甚至由个人去承担，这一部分是灵活的、反映差别的部分。

在《底线公平概念和指标体系——关于社会保障基础理论的探讨》一文中，景天魁（2013）创造性地提出了底线公平的测量指标体系。底线公平的三个特征性测量指标是生存权利公平性（吃得上饭）、发展权利公平性（上得了学）和健康权利公平性（看得起病）。其中，生存权利公平性由应保尽保率、低保标准的城乡之比、低保标准的地区之比来衡量；发展权利公平性由义务教育完成率、义务教育生均经费的城乡之比、义务教育生均经费的地区之比来衡量；健康权利公平性则由卫生医疗可及性、卫生医疗可得性、卫生医疗可负担性来衡量。底线公平测量指标具体如表 3-2 所示。

表 3–2 底线公平测量指标

一级指标	二级指标	三级指标
生存权利公平性	最低生活保障	应保尽保率、低保标准的城乡之比、低保标准的地区之比
发展权利公平性	义务教育	义务教育完成率、义务教育生均经费的城乡之比、义务教育生均经费的地区之比
健康权利公平性	公共卫生和基本医疗	卫生医疗可及性、卫生医疗可得性、卫生医疗可负担性

六、社会治理理论

从社会管理到社会治理的转变，是我们党和政府长期以来社会管理实践的经验总结和理论升华，也是我国妥善应对社会转型和实现“善治”的重要武器。就理论发展而言，社会治理是对西方治理概念的进一步延伸。治理有别于强调权威的统治，是一种强调协作、参与和互动的模式，由共同的目标所支持，而这个目标未必出于合法的以及正式规定的职责，而且不一定需要依靠强制力量克服挑战而使别人服从。全球治理委员会提出：治理不是一整套规则和一种活动，而是一个过程；治理过程的基础不是控制，而是协调；治理既涉及公共部门，也涉及私人部门；治理不是一种正式的制度，而是持续的互动（张国庆，2007）。将治理理念引入现代社会管理模式的创新之中，“社会治理”的概念就此应运而生。

（一）社会治理的核心特征

同社会管理不同，社会治理在治理主体、治理对象、治理目标和治理方式上有其特殊性。就治理主体而言，社会治理是多元化主体共同参与的过程，其主体包括政府、社会组织、企业和公民等。就治理对象而言，社会治理即对“社会”的治理，是与政治、经济、文化相并列的概念主体。就治理目标而言，社会治理强调公平、效率和利益共享，而不是简单的效率导向，其最终的目的是维护最广大人民的根本利益，确保社会安定团结、人民安居乐业。就治理方式而言，社会治理鼓励多主体参与，强调权力的平行化与制度的规范化，通过适当的权力让渡，更多地依靠社会的力量来解决社会问题，实现政府治理和社会自我调节、居民自治的良性互动。

（二）社会治理的主要内容

从当前有关社会治理理论的归纳和实践总结的角度出发，社会治理至少包含以下四项主要内容：其一，公共管理权力的重新配置。社会治理是包含个体、政府和各类社会组织在内的多元主体共治，从管理到治理的转变，既是社会管理理念的更新，也是国家权力让渡的过程。其二，不同利益群体的充分表达。社会治理主体多元的特质决定了社会治理的过程必须兼顾大多数人的利益，应建立完善的利益表达和协商机制，尤其体现在公共政策的制定上。其三，政府的自我调适和重新定位。社会治理的过程是多方主体互动、博弈的过程，政府应该对自身的角色和定位的转变予以重新考量。这种变化包括政府职能转变、机构调整和社会治理主体关系调整等。其四，公民社会的培育和成长。作为社会治理的核心主体之一，占比最高的公民主体的积极参与是改善社会治理的重要基础。政府可以适当放宽对社会的管控，鼓励公众积极参与到社会治理中来。

（三）社会治理的实现路径

向德平等（2014）系统总结了我国社会治理的三条实现路径，主要包括：其一，协调多重社会关系。妥善处理主体之间的关系是实现社会治理的基础，要改变传统单一的管理主体（政府）结构，充分发挥多主体优势，重点协调政府和市场、政府和社会这两对主体的关系。其二，转变政府治理模式。具体来说，在治理理念上要转变政府传统的权力本位价值观念，提升其他主体的地位；在治理机制上要重点完善包括激励、约束和评估机制在内的机制建设；在治理的途径和方式上要改变传统“行政命令”式的管理方法。其三，规范社会行为方式。保证治理行为的合法性，实现治理有法可依；注重合作，降低治理成本；创新渠道，激发群众的参与积极性；发挥文化治理功能。可以利用中国特色的文化资源，借助文化的潜在功能消解社会治理过程中存在的问题。

第二节　概念界定

一、居住空间

居住空间即城市居民实现其基本物质和社会生活功能的空间载体，兼具物质空间和社会空间的双重属性。它不仅是承载人们居住生活的地域概念，还是人们因居住活动而形成的社会空间。“作为物质属性的居住空间，是一种生产和消费功能性的空间，是以居住用地为主的物质实体空间；作为社会属性的居住空间，是居民选择住房与居住社区的功能空间，是居民居住活动整合而成的社会关系存在的空间”（廖鸿冰，2016）。

二、居住空间结构

居住空间结构是人们的居住活动在城市地域上的空间投影，是城市空间结构的重要组成部分。居住空间结构既是人们的居住用地在地理空间上的分布，包含住宅的空间分布、组合特征，也是社会空间结构（是居住者社会阶层的具体体现）。市场化购房背景下，人们根据自身经济条件自由选择居住区，从而形成不同类型居住区在空间上的分布形态，因此在一定程度上可以客观反映出社会阶层的空间结构样态。

三、居住空间分异

所谓居住空间分异，是指一种城市社区居住分化的现象：在一个城市中，不同特性的居民聚居在不同的空间范围内，使得整个城市形成一种居住分化甚至相互隔离的状况。在相对隔离的区域内，同质人群有着相似的社会特性，遵循共同的风俗习惯和共同认可的价值观，或保持着同一种亚文化；而在相互隔离的区域之间，则存在较大的差异性。快速的城镇化发展，大规模的城乡人口流动，现代社会经济的大发展，持续的居住空间变动，均不可避免地造成城市居住空间分异。

四、社会服务

社会服务指由国家机关或非营利组织向大众提供的具有非竞争性和非排他性特征的福利性公共服务。我们可以从狭义和广义两个层次来理解：狭义的社会服务指直接为改善和发展社会成员生活福利而提供的服务，如衣、食、住、行、用等方面的生活福利服务；广义的社会服务包括生活福利性服务、生产性服务和社会性服务。生产性服务指直接为物质生产提供的服务，如原材料运输、能源供应、信息传递、科技咨询、劳动力培训等。社会性服务指为整个社会正常运行与协调发展提供的服务，如公用事业、文教卫生事业、社会保障和社会管理等。

五、社会服务体系

社会服务体系指主要以政府机构为主导，以社会团体、非政府组织和私人机构为补充的供给主体共同协作，为大众提供基本而有保障的公共服务及配套建设的一系列有关服务主体（由谁提供）、服务客体（向谁提供）、服务内容（提供什么）、服务形式（怎样提供）、服务政策（配套政策）、服务评估（质量检测）等的制度安排。笔者认为，衡量某种社会服务体系是否完善，除了衡量其服务内容的优劣——是否为社会成员提供了充足且符合群众需求的公共服务，还应该从动态的视角予以考察，即是否具有针对不同流动结构的需求而分类分层地配置社会服务资源的功能。

第四章　城镇化与居住空间变动研究

工业化、城镇化的发展必然伴随着人口流动。推拉理论认为，人口流动的原因在于劳动力资源的逐利性，流入地因为有很好的改善人们生活的条件，有了能让人获得更高的收入、拥有良好的受教育的机会以及享受更好的社会环境等拉力，而流出地因为有限的资源、不利的生活条件而产生推力。随着人口流动，居住空间得以变动。进入流入地后的人们首先面临的问题是居住问题。流动人口的居住空间转换状况直接关系着他们的工作情绪、身心健康、社会融入程度、生活品质等。下面就新型城镇化背景下的人口流动与居住空间分布情况、人口流动空间转换的状态与时空特征，借鉴相关文献进行梳理，提出居住空间变动的基本对策。

第一节　居住空间变动的内涵与意义

围绕与居住空间有关的理论问题，学术界对住房内涵的“生活”意义进行了挖掘。住房空间本属于人们的生活必需品，是人们安居乐业与社会稳定的最重要的物质基础，但它又表现着各种社会关系，是社会关系的产物。英国后现代地理学家哈维（Harvey，1972）认为：“居住空间兼具物质空间和社会空间双重属性，不仅是人们居住生活的地域空间，还是人们因居住活动所形成的社会空间。”柴彦威（1999）将居住空间解释为“一种由邻里单位有机整合而成的社会空间连续系统”。作为物质属性的居住空间，是以居住用地为主的物质实体空间。作为社会属性的居住空间，是居民选择住房与居住社区的功能空间，是由居民居住活动整合而成的社会关系存在的空间（姜乖妮 等，2012）。有学者指出，居住空间是由物质空间、社会空间及其相互作用，以及自我识别理念和社区服务构成的。综上所述，对于居住空间的内涵与属性，因不同层面的研究也会出现不同的侧重点，其中单层面的只偏重物质属性的研究，而社区与城市层面的研究则兼具物质和社会的双重性，所指的是一个完整意义上的居住空间（郭婕嫔，2012）。对于城镇化背景下的流动人口而言，他们在居住方式与场所的选择上已经呈现出多元化趋势。

在中国快速推进城市化的背景下，居住空间调整已经引起了众多学者的关注，学者们正在积极研究社会转型背景下居住空间的变动所内含的意蕴。李斌（2013）发现，政府强力推进城市化，配合流动人口的主动城市化以及失地农民的被动城市化，构建了中国城市居住空间的独特变迁格局。变迁中的格局正在挑战城市管理的既有模式，迫使社会服务体系创新机制与体制不断完善。另外，居民经济收入差距日益增大构建了居住空间阶层化的基本条件；住宅的商品化、市场化逐步成为居住空间阶层化的动力机制；既有单位制的瓦解、人口流动的增加构成了居住空间阶层化的加速器，推动居住空间调整与社会服务体系协调性变动。居住空间是社会管理、政治管理与市场管理的载体。同时，居住空间的流动性挑战既有的社会服务模式，需要管理哲学、社会政策的适应性更新。

第二节　人口流动规模与空间转换状态

随着我国改革开放的深入，新型城镇化建设有序推进，政府逐步取消了限制人口流动的政策，使得更多的流动人口积极参与城镇化建设，促进了流入地的经济发展，也改变了人口流动格局，加速了城镇化进程。

一、人口流动规模变动情况

在我国实施改革开放以前，人口流动由于户籍制度的存在受到严格管制，城乡之间就像有一道屏障，很少出现人口流动。改革开放以后，政府逐步放松了对人口流动的控制，人口流动的规模持续增长，特别是在20世纪90年代以后增长速度不断加快。国家统计局的人口普查和国家卫生计生委发布的《中国流动人口发展报告》中的数据显示，第三次全国人口普查（1982年）显示，流动人口占全国总人口的0.66%，达到657万人；第四次全国人口普查（1990年）显示，流动人口数量占了1.89%，达到2 135万人；2000年全国流动人口数量已经超过1亿人，占比达到8.8%；2014年流动人口占到18.45%，数量达到2.53亿人；2020年流动人口占到26.5%，数量达到3.76亿人（见图4-1）。流动人口主要来源于农村，其规模一直在增长，极大地促进了我国的城镇化建设。

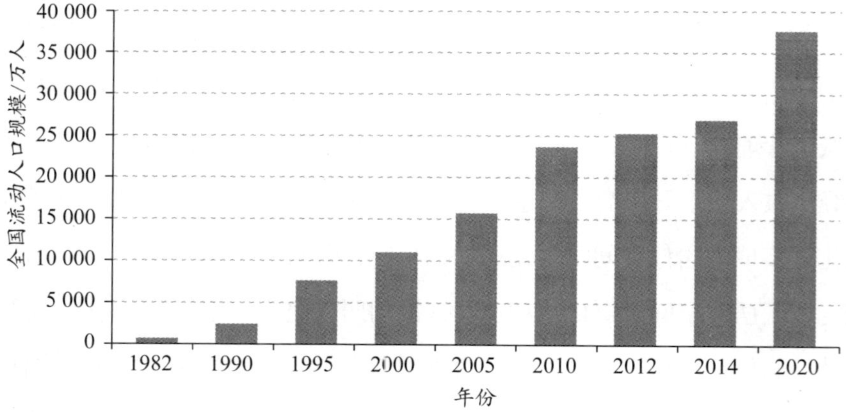

图4–1　全国流动人口规模变动情况

数据来源：1982年、1990年、2000年、2010年数据来源于石人炳的《我国出生性别比变化新特点——基于“五普”和“六普”数据的比较》（《人口研究》，2013年第3期）。2020年的数据来源于国家统计局国务院第七次全国人口普查领导小组办公室发布的《第七次全国人口普查公报（第七号）——城乡人口和流动人口情况》。

二、人口流动城乡结构情况

大规模的城乡人口流动加速了我国城镇化发展，使我国城乡的二元结构发生了转变。城镇化促进了流动人口的就业，使其收入增加，进而加快了我国向现代化国家迈进的步伐。城镇化水平的高低主要反映在人口流动的城乡结构上，通常以城镇化率来衡量。在我国政府的统计口径中，流动人口已经被当作城镇人口看待。国家统计局 2011 年发布的全国第六次人口普查公报显示，2010 年城镇的人口占全国总人口的 49.95%，达到了 66 978 万人，城镇人口的比重同第五次全国人口普查时的相比，上升了 13.46 个百分点；到了 2012 年，我国城镇化率上升到 52.27%，城镇总人口达到 71 182 万人，已经超过农村人口，城镇人口数首次突破 7 亿人；国家统计局 2021 年发布的全国第七次人口普查公报显示，2020 年居住在城镇的人口为 90 199 万人，占 63.89%(见表 4-1)。

表 4-1　我国城镇人口数与比重变化情况

年份	城镇人口数 / 万人	城镇化率
1982	21 480	21.13%
1990	30 195	26.14%
1995	35 174	29.04%
2000	45 906	36.22%
2005	56 212	42.99%
2010	66 978	49.95%
2020	90 199	63.89%

数据来源：1982 年、1990 年、2000 年、2010 年数据来源于石人炳的《我国出生性别比变化新特点——基于“五普”和“六普”数据的比较》(《人口研究》，2013 年第 3 期)。2021 年的数据来源于国家统计局国务院第七次全国人口普查领导小组办公室发布的《第七次全国人口普查公报(第七号)——城乡人口和流动人口情况》。

三、人口流动的空间变动情况

改革开放以来，随着经济的持续增长和城镇化水平的不断提高，我国人口流动的规模越来越大。获取经济利益是人口流动与空间变动的首要原因。城乡的收入差距及农村耕地的有限是人口流动的驱动力。流动人口的流向与规模受到政治、经济、文化、自然环境的影响。从当前流动人口空间变动的方向看，受经济条件好的地区的拉动，人口流动主要是由农村流向城市和工矿区，由经济欠发达地区流向经济发达地区。人口普查数据显示，从西部、中部、东部三大区域各个时期的流动人口规模就可以看出人口流动的方向是从中部、西部向东部流动（见表4-2）。珠三角地区、长三角地区、京津冀都市圈等成为流动人口最集中的地区，人口增长幅度较大。全国流动人口规模最大的省份是广东省，其中深圳、东莞、中山等东部城市的流动人口数量占了全国流动人口总数的一半以上。

表4–2　全国西部、中部、东部三大区域各个时期的流动人口规模分布

年份	西部／万人	中部／万人	东部／万人	全国／万人
1982	155	249	253	657
1987	497	521	792	1 810
1990	466	619	1 050	2 135
2000	2 316	2 088	5 825	10 229
2005	2 690	2 527	9 518	14 735
2010	1 218	2 923	17 692	22 143
2011	1 403	3 129	18 134	23 016

资料来源：根据国家统计局公布的对应年份的全国人口普查数据和全国1%人口抽样调查数据以及《中国统计年鉴2013》中相应数据计算。

第三节　流动人口居住空间转换的状态与时空特征

人口流动是我国新型城镇化过程中一种复杂的社会现象，也是一种复杂的经济现象，对社会经济产生了广泛的影响。流动人口向城市聚集，在流入地沉淀与融合，带来了居住空间的变动。流动人口的居住空间变动随着城市化的快速推进已出现了新的时空特征。课题组针对“流动人口居住空间变动与社会服务体系状况”进行了抽样调查，调查选取了长沙芙蓉区、上海浦东新区、深圳龙岗区、江西萍乡市、郴州苏仙区、张家界永定区等6个地区的部分社区，发放了500份调查问卷，回收问卷424份，回收问卷率为84.8%。经筛查，筛选出有效问卷411份，有效率为82.2%，无效问卷13份。以下所有数据及分析，若无特别说明，都来自此次调查。

一、受访者基本属性特征分析

本次调查了解了受访者的性别、婚姻状况、文化程度、年龄状况等基本属性，以归纳总结流动人口的相关特征。调查数据显示，流动人口中，女性居多，但男性也占了一定的比例；流动人口中已婚的占了74.0%，未婚的有16.5%；流动人口的年龄结构普遍偏低，主要在20~40岁，以中青年为主；文化程度主要为高中或中专，大专和初中次之，本科逐渐增多，中青年受教育水平较高；收入不高，多为中低收入者，且收入不稳定；职业以蓝领和白领居多，两者比例大致相同，少数为无业者。受访者的具体属性特征分布见表4-3至表4-6。

表4–3　流动人口性别情况

性别	频率／人	百分比	累积百分比
男	178	43.3%	43.3%
女	229	55.7%	99.0%
缺失	4	1.0%	100.0%
合计	411	100.0%	

表4–4　流动人口的婚姻状况

婚姻状况	频率／人	百分比	累积百分比
未婚	68	16.5%	16.5%
已婚	304	74.0%	90.5%
离婚	21	5.1%	95.6%
丧偶	5	1.2%	96.8%
缺失	13	3.2%	100.0%
合计	411	100.0%	

表 4–5　流动人口的年龄状况

年龄 / 岁	频率 / 人	百分比	累积百分比
≤ 20	4	1.0%	1.0%
20~40	305	74.2%	75.2%
40~60	82	20.0%	95.1%
≥ 60	4	1.0%	96.1%
缺失	16	3.9%	100.0%
合计	411	100.0%	

表 4–6　流动人口的文化程度

文化程度	频率 / 人	百分比	累积百分比
不识字	2	0.5%	0.5%
小学	12	2.9%	3.4%
初中	81	19.7%	23.1%
高中或中专	118	28.7%	51.8%
大专	92	22.4%	74.2%
本科	63	15.3%	89.5%
硕士及以上	17	4.1%	93.7%
缺失	26	6.3%	100.0%
合计	411	100.0%	

二、居住空间变动有家庭核心化、渐进式特征

在快速城镇化过程中，人口流动的趋势是家庭式流动。要实现人口城镇化，家庭式流动是我国城镇化进程中的必然趋势，也是我国社会经济发展的一个自然现象。人口流动受个人的动机和能力的影响，但家庭决策决定着人口个体的流动，同时个体的流动也会深刻影响家庭及家庭其他成员的流动（杨菊华等，2013）。因此我国的人口流动更多的是家庭渐进式的流动。居住空间变动的家庭规模主要以核心家庭为主。本次调查数据显示，在居住空间变动中，一

人户与二人户的家庭流动有一定的比例，占 23.1%；三人户与四人户的家庭流动占了 59.1%；五人户及以上家庭占 14.4%（见表 4-7）。由此可以看出，流动人口中，居住空间变动的家庭成员从流出地向流入地流动时呈现出梯次流出、以核心家庭为主的特点。居住空间变动中，一次性全家流动还是少数，更多的是渐进式家庭流动，因此居住空间变动不是一次性完成的，而是分批次、渐进式完成的。

表 4–7　流动人口的家庭规模状况

家庭规模类型	频率 / 人	百分比	累积百分比
一人户	33	8.0%	8.0%
两人户	62	15.1%	23.1%
三人户	139	33.8%	56.9%
四人户	104	25.3%	82.2%
五人户及以上	59	14.4%	96.6%
缺失	14	3.4%	100.0%
合计	411	100.0%	

三、居住空间变动有集聚性特点

流动人口居住空间变动的集聚，是与经济集聚和流动人口城市居住集聚共生共荣的，是与社会经济发展互相促进的。我国流动人口正在向发展速度较快的地区流动，居住空间变动的集聚性特点比较明显，并且这种集聚性会越来越突出，带有明显的非均衡性与互补性时空特征。调查显示，流动人口居住空间集聚性较强的地区是城乡接合部，然后是城市近郊，城市中心区的居住集聚性整体偏弱。居住集聚规模是伴随经济发展而增长的，人口集聚、居住集聚与经济集聚存在着内在的联系，彼此是相互支撑、相互制约又相互作用的。因此具有经济发展优势的城乡接合部地区、郊区的工业集聚区、郊区的新城周边地区成为流动人口居住空间集聚的“高地”。

四、居住空间变动有阶层化特征

流动人口从流出地到流入地呈现的并不是均质化的身份群体。依据其迁移能力的不同，其职业地位与收入水平状况有明显的差异，处于不同的阶层，在居住空间的变动方面也呈现出空间分异的特征。从调查的数据看，居住空间变动的流动人口家庭进入传统社区的占29.2%，进入发展中社区的占60.6%，进入现代社区的占2.9%（见表4-8）。流动人口集聚与沉淀在流入地，其居住空间类型发生了分化，呈阶层化趋势。

表4–8　居住空间类型状况

入住的社区类型	频率 / 人	百分比	累积百分比
现代社区	12	2.9%	2.9%
发展中社区	249	60.6%	63.5%
传统社区	120	29.2%	92.7%
缺失	30	7.3%	100.0%
合计	411	100.0%	

五、流动人口在居住时间上有稳定化、长期化的特点

流动人口离开原有的居住空间、职业而选择进入城市。他们崇尚都市生活方式，希望真正地融入城市空间，成为城市居民。他们对城市生活的熟悉程度或者适应程度越高，就越想成为城市居民。根据调查数据，有11.4%的流动人口在流入地居住1年以下，居住1~3年的流动人口占24.8%，居住3~5年的占14.6%，居住5~10年的占27.3%，居住10年以上的流动人口占19.7%（见表4-9）。可以看出，流动人口在流入地的居住时间呈现出稳定化、长期化的特点。具有高技能和高学历的流动人口是体现出这种特点的主流。他们有较高的职业理想，对流入地的城市文化、价值理念与生活方式产生了依赖与认同，产生了对居住空间变动的需求，也就坚定了他们居住在流入地的信念。

表4-9　流动人口家庭居住年限状况

小区居住年限	频率 / 人	百分比	累积百分比
1 年以下	47	11.4%	11.4%
1~3 年	102	24.8%	36.3%
3~5 年	60	14.6%	50.9%
5~10 年	112	27.3%	78.1%
10 年以上	81	19.7%	97.8%
缺失	9	2.2%	100.0%
合计	411	100.0%	

六、获取居住空间的途径有多样化的特点

获取居住空间的途径的多样化是流动人口在选择居住空间时的主要特点之一。他们因时间和空间的差异，获取居住空间的方式也有所不同，居住空间类型呈现多样化的特点。居所的主要类型有租赁私房、公租房、廉租房和自购房等。总体上来讲，流动人口在流入地租房是获取居所的主要方式。一般情况下，流动人口开始以租房为其获得居所的主要方式。随着时间的推移和经济资本的积累，选择城市居住的流动人口以自购房为其获取居所的主要方式。据调查，从流动人口的居住空间变动来看，租房的占69.1%，自购房的占29.2%（见表4-10）。在调查中，还有一部分从事家政服务的流动人口在雇主家里居住，获得稳定的居所。在人口老龄化的背景下，随着城市家庭对家庭服务的需求量的增加，流动人口中的家政服务人员进入城市家庭居住的数量将会持续稳定地增长。

表4-10　流动人口住房类型情况

住房类型	频率 / 人	百分比	累积百分比
租房	284	69.1%	69.1%
自购房	120	29.2%	98.3%
缺失	7	1.7%	100.0%
合计	411	100.0%	

七、流动人口的购房意愿呈增长趋势

尽管流动人口是以租房作为获取居住空间的主要方式，但随着时间的推移与流动人口在流入地的融合程度的提高，流动人口已经呈现出“家庭化”“常住化”趋势，他们对住房的稳定性和长期性需求日益增加。当前国家政策的扶持以及流动人口经济条件的改善，让流动人口对居住空间质量的要求有所提升。据调查统计，流动人口平均月收入在3 000元以上的占47.0%（见表4-11），与调查地区在岗职工的月收入差不多，收入水平已经接近当地居民。经济状况的改善为他们购房打下了经济基础，因此他们购买住房的意愿也就强烈了。据调查，接受调查并对“是否愿意在城市买房”做出选择的流动人口中，具有强烈购买住房意愿的占46.4%（见表4-12）。这部分人中主要是高学历、高技能的青年流动人口，他们的购房意愿更加迫切。

表4–11 流动人口平均每月的收入情况

月收入	频率 / 人	百分比	有效百分比	累积百分比
999 元以下	14	3.4%	3.4%	3.4%
999~1 499 元	30	7.3%	7.3%	10.7%
1 500~1 999 元	54	13.1%	13.2%	23.9%
2 000~3 000 元	106	25.8%	25.9%	49.8%
3 000 元以上	193	47.0%	47.1%	96.8%
缺失	13	3.2%	3.2%	100.0%
有效人员合计	410	99.8%	100.0%	
系统缺失	1	0.2%		
合计	411	100.0%		

注：部分接受调查人员未对本部分选项做出选择，故存在有效百分比和百分比之区分。表4-12中与此同。

表4-12　是否愿意在城市买房

购房意愿	频率 / 人	百分比	有效百分比	累积百分比
愿意	78	19.0%	46.4%	46.4%
无所谓	28	6.8%	16.7%	63.1%
不愿意	58	14.1%	34.5%	97.6%
缺失	4	1.0%	2.4%	100.0%
有效人员合计	168	40.9%	100.0%	
系统	243	59.1%		
合计	411	100.0%		

第四节　人口流动与居住空间选择的影响因素

新型城镇化实质是人的城镇化、流动人口居民化、居住空间城市化，也就是流动人口融入城市的问题，而解决流动人口融入城市的问题的关键是居住空间的选择问题。因此，在城市生活的流动人口遇到的最基本、最严峻的问题是居住空间的变动问题。流动人口在选择居住空间时，不仅是选择满足居住功能的物质空间，还要选择满足社会互动的社会空间。研究发现，经济收入、受教育程度、家庭特征、价值观念、社区环境、社会网络以及就业因素等对流动人口选择居住空间产生了影响。

一、经济收入

改善生活条件、获得社会地位是流动人口的目的。经济收益与社会地位的获得是促使人口流动的根本原因，而经济收益的获得是首因。流动人口在获得预期的经济收益后就会考虑居住空间的变动，想要建立安全的物质场所，追求更好的职业，拥有更好的生活条件，获得更高的社会地位。因此，经济驱动力是流动人口居住空间变动的根本动力。

二、受教育程度

受教育程度在中国经济转型期对流动人口居住空间的选择的影响比较明显。流动人口的文化程度不同，在居住空间选择上存在着一定的差异。一般来讲，流动人口受教育程度越高，获得的社会地位就越高，经济收入相对也越高，获得社会资源的可能性也越大，也越有条件改善居住空间。根据唐博(2013)对上海的调查，随着流动人口文化程度的提高，他们在选择居住空间时，由城乡接合部向城市郊区、中心城区逐步迁移。在居住空间的类型选择上，文化程度越高的流动人口，拥有自有房（包括自建房和购买的商品房）的比重越大；文化程度越低，租房的比重越大。流动人口受教育程度对居住空间分异的影响很明显，成为社会分层的重要因素。

三、家庭特征

目前，家庭式流动在人口流动中日趋增多，是我国快速城镇化过程中出现的一个普遍现象。家庭特征对流动人口居住空间选择的影响越来越显著。家庭在居住空间变动的决策中起着主要的作用，家庭的集体决策是为了满足预期收入最大化和风险最小化两个目标（刘婷婷，2014）。家庭的社会资本能够为流动人口提供就业机会与居住空间等更多的有利条件，使得定居成本降低，其迁移定居的可能性增加。艾达（Adda，2006）认为，随着时间的推移和社会资本的积累，流动人口会逐渐适应流入地的生活，认同城市居民的价值观，永久居住的意愿会增强，进而影响其居住空间的选择。

四、价值观念

流动人口对居住空间的选择因价值观念不同而存在着差异。他们从个体决策角度来权衡居住偏好、居住成本与通勤成本的最优化，从而进行居住空间的选择。有的流动人口并不将自己看成是流入地的市民，也不打算将自己变成流入地的市民，因此他们在居住空间选择上，更愿意将获得的经济收入用于回老家改善居住条件。加之流动人口中的不少人认为自己处于社会的底层，工作不稳定、收入不高，在城市生活只是短暂的、临时性的，在居住空间的选择上只求遮风避雨。正是因为流动人口的流动性和过客心理，他们缺乏对流入地的归属感，在选择居住空间上以租赁房为主且以聚居的形式居多；同时，在居住空间的适应性上，他们更倾向于选择与其职业身份、生活习惯、价值观念相匹配的郊区居住，这也是居住空间效用的具体表现。

五、社区环境

流动人口由于具有流动性和暂时性的特点，所以他们在居住空间的可获得性、居住条件与社区环境方面，常常不如流入地的城市常住居民。但是流动人口还是会选择社区环境较好的区域居住下来。特别是基于通勤成本的考虑，他们会选择交通状况较好的社区，因此社区的交通状况在他们选择居住空间的过程中起着重要的作用。住房质量（含家具、家电）、公共服务配套设施、人文环境也是流动人口选择居住空间时要考虑的主要因素，因为这些关系到子女上学、患病就医、生活购物、娱乐休闲等的便利（严浩坤，2008）。

六、社会网络

布尔迪厄认为，社会网络的实质是一种社会资本，是个体拥有的社会网络以及通过这种网络动员来获取社会资源的能力，包括亲情信任、参与互惠等（单菁菁，2007）。流动人口从农村不断地流入城市，他们依据地缘、亲缘、业缘等社会关系构建社会网络，寻找就业信息，寻求城市适应，获取生存资源，选择居住空间，与流入地居民融洽相处，已形成了一个相互影响的新的社会空间。他们以一种链式迁移的方式进入城市，且以家庭为主要迁移方式的趋势逐渐增强，具有地域的集中性，居住空间选择城郊接合部的居多。他们的居住空间与流入地的户籍人口产生隔离，出现了"二元社区"现象。

七、就业因素

流动人口因居住成本承受能力问题，对通勤的时间、距离、方式及费用考虑较多，希望降低通勤的机会成本。因此一部分流动人口在选择居住空间时将“就近居住、方便就业”作为重要的考虑因素，以就业空间分布主导居住空间选择，紧密结合居住空间压缩通勤时间，旨在降低通勤成本。“临厂而居”“以工定居”成为他们普遍化的居住模式。由于居住空间和就业空间的不断优化，在演化与城镇化发展过程中，居住空间和就业空间呈现出高度“伴生”的特征，因此就业因素也会对流动人口的居住空间选择造成间接影响。

第五节　居住空间变动的基本对策

社会转型与快速城镇化导致了人口流动，也导致了居住空间加速变动。如今，城市的居住空间阶层化日益明显并呈现极化趋势，农村的“空心村”逐步成为常见的社会事实。流动人口的空间移动最初是为了获得经济收益和社会地位。只有工作稳定后，流动人口才开始考虑居住空间的选择。如何处理好流动人口的居住空间与就业空间、社会空间的关系，使居住融合更好地促进社会融入，成为城镇化建设的一个重要课题。

一、通过制度融合，实施流动人口的经济整合

流动人口的经济整合是指以流入地的城市居民为参照对象，流动人口居住空间变动后，其在流入地的经济结构及经济收入、就业机会、职业声望、社会福利、教育培训、居住环境等方面的融入情况。如果流动人口通过居住融合，能够在收入水平、就业机会、职业地位、住房条件、公共服务、教育培训等方面享有平等的待遇，那么在经济上就被成功地整合到了主流社会；如果他们被排斥在外，未能享有这些待遇，就意味着流动人口与流入地居民存在区隔，未能融入流入地的主流社会中。这种现象说明了流动人口在经济上未能很好地与当地户籍人口整合，城市管理出现了对流动人口城市居住权利的排斥。为避免出现居住空间分异、城市内部的新二元结构，就要打破制度壁垒，把流动人

口居住空间管理纳入城市住房管理体系，实施制度融合，合理调整流动人口的居住空间，保障城市体系得到高效运行和可持续发展（李楠 等，2014）。因此，要进行相关制度改革，积极探索更为合理的流动人口住房供给和管理政策，为流动人口营造公平的制度环境，促使其不断融入城市社会，更好地实现内在整合的城市化。

二、通过城市规划调控，促进流动人口的居住融合

面对大量的流动人口涌入城市，局部地区流动人口过度集聚，有限的城市资源、公共服务设施、住房福利等难以满足需求，引发了各种“城市病”（唐博，2013），带来了一系列社会问题，城市人口聚集、交通运输拥堵、工业过度集中等造成的种种弊病，给流入地居民生产生活带来了不便与烦恼，城市的运行也受到了一些影响。目前已出现城市中心区居住密度过大、城乡接合部流动人口过度集聚、城市郊区流动人口偏弱、流动人口职住空间分离、流动人口居住空间隔离等问题。因此，城市规划应该主动适应流动人口的集聚特点，通过合理的调控机制引导流动人口有序分布；合理配置公共资源，加强流动人口居住空间调控，切实解决流动人口的职住空间分离、居住空间分异问题。城市规划可以考虑通过有效的规划手段，使流动人口与本地居民在不同层次的居住空间实现适度的多样化混居，改善流动人口的居住条件，促进不同阶层之间的交往，实现居住融合（唐博，2013）。

三、通过混合嵌入，促进流动人口融入社区

在快速城市化过程中，人口流动让城市出现了居住空间分异、与流入地居民心理文化隔离、居住边缘化、社区贫困化等现象，还带来了居住环境恶劣、基础设施和公共服务缺乏、社会矛盾突出等问题。为避免这些消极影响，在流动人口居住空间方面，应探索混合嵌入的居住模式，让流动人口与本地居民“大混居、小聚居”，形成社区共同体。一是实行差异化的公共服务设施供给配套，完善公共服务设施，满足各阶层居民的需求；二是提供适当比例的流动人

口租得起的低廉住房，避免流动人口无序分布（王春兰 等，2009），有效控制居住空间分异，实现居住、产业和公共服务等功能的自我平衡，推动流动人口与本地人口的居住融合；三是通过公共投入、税收、社区福利保障等公共政策进行整合，促进不同阶层居民交往，缓解贫富分化；四是通过社区管理与服务，加强流动人口与本地居民的社会互动，消除心理隔阂，和睦共处，和谐共生，增强社区稳定性。流动人口的混合居住不是简单的拼合，而是促使各阶层居民从“地域性混住”转变为“阶层性混居”（苏振民 等，2007），达到让流动人口融入社区的目的。

四、通过社会工作介入，促进流动人口与流入地居民的社会融合

在城市化过程中，要实现人的城镇化、居住空间城市化，让流动人口享有与流入地居民同等的生活待遇。社会工作作为一种帮助人和解决社会问题的方法，能有效地应对人口流动产生的一系列问题。在流动人口与流入地居民的社会融合过程中，社会工作就是社会和谐的润滑剂，在维持社会秩序方面发挥着主要作用。在个人层面上，社会工作者要帮助流动人口反映利益诉求，解决个人实际问题。流动人口进入陌生的城市后，一般处于社会利益分化结构底层，又是制度安排的边缘群体，他们不知道如何表达自己的利益诉求。社会工作者可以通过调查流动人口的社会需求，有针对性地反映他们的利益诉求，帮助他们参与决策所在社区的利益分配及建设管理，从而使自己的权利与地位得到社会各个阶层的接纳并认同。在家庭层面上，社会工作者要帮助流动人口改善家庭关系。在城镇化进程中，家庭流动是我国城乡人口流动的一大特点。家庭流动是指具有姻缘或者血缘关系的家庭成员的流动。他们可能一次性举家迁入城市，也可能分批次有序地迁入城市。家庭的流动不可避免地面临着城市的适应问题以及夫妻关系、亲子关系、婚姻关系的处理与维护问题，更为重要的是流动儿童的受教育问题、成长环境问题、习惯养成问题等，这些是家庭社会工作介入的重要内容。社会工作者与流动家庭保持联系和沟通，通过心理调适、家

庭关系疏导、资源链接等对流动家庭的人员，尤其是流动儿童的成长产生重要影响，最终使他们恢复和增强社会功能，培养自我效能，逐步适应城市新生活和新环境。在社区层面上，社会工作者要帮助流动人口再社会化。流动人口进入流入地居住就是一个再社会化的过程，他们需要学习新的生活技能，习惯城市生活方式、思维方式与交往方式以及日常生活中的行为方式等。社会工作者可以帮助流动人口分析和利用社区的物质与文化资源，运用专业工作方法，包括个案工作、小组工作、社区工作等，回应他们的社区融入问题，为他们搭建社区交往与互动的平台，学习城市生活方式，接受城市居民的价值观，调适心理能力，树立自信心，提升适应城市生活的能力。在社会层面上，社会工作者要帮助流动人口主张公平正义，促进社会融合。由于城乡二元结构造成了流动人口和城市居民的种种不平衡现象，使他们之间产生一些错误的认知与偏差，导致居住空间变动的流动人口难以融入城市生活。流动人口通常是被社会所排斥和忽略的群体，居住边缘化特征突出，是社会工作的关注对象。社会工作的专业使命就是践行社会公平正义，通过政策倡导、社会宣传、活动开展，帮助流动人口融入城市的社会发展中，实现社会融合。

第六节　结　　语

居住空间是流动人口安全感最重要的物质基础。作为空间主体的“人”与客体对象的“住房要素”并不是相互孤立的，而是相互影响、相互作用，共同组成了一个完整的居住空间（唐博，2013）。随着城市化和工业化的发展，流动人口的规模越来越大，导致居住空间日益呈现复杂性结构化变动的特征。流动人口在获取居住空间的途径上仍然以租赁为主，但随着时间的推移以及经济资本与社会资本的增多，购买住房逐渐成为流动人口获取居所的主要方式之一。流动人口的居住时空变迁特征日益明显，总体表现出居住时间长期化、稳定化、家庭化、集聚性、郊区化。制度性因素和非制度性因素不断影响着流动人口的居住空间选择，其居住空间的分异也日益凸显，流动人口居住边缘化的问题比较突出。住房商品化改革制度影响了人们的居住选择，进而加速了人们的居住空间阶层化趋势，因此流动人口居住空间的阶层化意愿提升。处于边缘化的流动人口难以改变现状，需要国家政策的干预，积极引导流动人口融入城市体系。居住空间是社会管理、政治管理与市场管理的载体。居住空间的流动性挑战既有的社会服务模式，需要管理哲学、社会政策的适应性更新。国家政策要回应流动人口居住空间变动的问题，采取有效措施，满足居住空间变动的需求，实现社会整合（徐永祥，2004）。

第五章　人口流动与居住空间变动研究

第一节　问题的提出

随着改革开放向深水区迈进，人口流动成为一个无法回避的主题。人口流动不是一个新课题，而是一个常研常新的课题。一直以来，由于中国的人口流动受制于户籍制度等政策制约，城乡人口的双向迁移流动渠道被切断，导致城市人口、农村人口之间形成互不接纳的“分裂格局”，对经济发展、社会进步、文化交流等各个方面造成了严重的影响。最近几年，随着科技水平的提高，我国经济高速发展，城乡之间的差异逐渐缩小，户籍制度所形成的固化格局也被打破，人口的双向迁移流动呈现出越来越频繁的特点。人口流动带动着居住空间的变动，进而对社会公共服务提出了多方面的要求。一方面，公共服务对人口流动起着托底的作用，为人口流动做好了服务和引导；另一方面，人口流动也促进公共服务的其他方面有了提升，如户籍管理、心理干预等。

在公共服务对人口流动的影响中，社会工作发挥着重要的作用。传统的社会工作三驾马车，也在继续发挥着作用，对以流动人口为主体的社区稳定和发展做出了贡献。

第二节　人口流动与居住空间分布情况

一、我国人口流动的特点

国外诸多学者经过大量的研究调研与考察分析，把人口迁移分为三种类型：永久性迁移、暂时性迁移、循环迁移。笔者对目前我国人口迁移与流动的现状与规律进行深入分析，发现中国属于钟摆式循环流动，大部分迁移者均选取“两栖式生活模式”，即往返于城市、乡村之间，虽然绝大多数流动人口在流入地工作、生活了较长时间，但是该类人群仍具有十分强烈的回乡意愿。新劳动力迁移经济学认为，循环流动是迁移者为了改善生活条件、降低各方面风险而被迫采取的一种生存策略。在中国的发展环境中，劳动力通过迁移的方式可以获得更多的就业机会。现阶段，中国的社会保障机制仍存在诸多不足，并且劳动力市场呈现出波动性大、影响因素多等特征，造成流动人口在城市的收入无法得到有效保障。所以，大部分流动人口均采取“城市赚钱、农村花钱”的消费模式。通过对人口迁移的发展历程进行分析可知，身体健康、生活压力大、消费能力强的青年人是人口迁移流动的主要群体。20 世纪 80 年代，由于生存压力，“单人漂泊”现象在城市中十分普遍，而该时期正处于人口流动的初期探索阶段。到 20 世纪 90 年代，首批流动人口已经具备一定的经济基础，已立稳脚跟。在这种时代背景之下，人口流动又呈现出举家迁移的特征。随着科技、经济、文化等各方面的发展，家庭式流动逐渐成为迁移的主流，“单人迁移”“部分迁移”模式渐渐被时代所摒弃，“举家迁移”模式开始盛行。相关调查数据显示，夫妻二人携子女、父母共同迁移到城市的人群已经成为流动人口的主力军，占比约为 66%。全国第六次人口普查结果显示，2010 年，流动人口家庭中，两代户、三代户及以上、一代户的占比分别为 38.52%、5.11%、26.76%。流动人口动态监测数据显示，在 2013 年，对于已经结婚的家庭而言，夫妻共同流动的人口占比高达 90.5%。2014 年，在流入城市的人口中，大约 59.2% 的家庭结构属于核心家庭。2015 年，流入地的家庭规模显著增加，为 2.61 人，大约 50% 的家庭均具有 3 人或者 3 人以上规模。根据这种发展趋势，流动人口家庭结构将会发生重大变化，即由传统的“核心化”逐渐向“扩展化”的方向发展，与孩子、老人共同流动的家庭将会呈现出直线上升的态势。新迁移经济学理论认为，人口迁移决定并非个人意愿，而是整个家庭综合多方面因素，权衡利弊之后共同做出的“集体行为”。现阶段，中国流动人口迁移模式的转变也充分证明了迁移活动并非个人决策，而是一种较为特殊的家庭策略。目前，中国流动人口举家迁移模式主要包括两种类型：其一是完整家庭式，是指夫妻携子女、父母等众多家庭人员一起迁移；其二是半家庭式或者渐进式，是指家庭中的一小部分核心成员先行迁移，等工作稳定，具有一定的经济基础之后再一次性或分批次将其他家庭成员接到流入地。现阶段，第二种迁移模式比较普遍，能够实现整个家庭一次性迁移的较少。2010 年，在所有流动人口之中，具有本科学历的人数占比为 6.02%，城市流动儿童数量也呈现出与日俱增的态势。“六普”数据充分表明，在 2010 年，年龄为 0~17 岁的流动儿童人数在总流动人口中的占比大约为 16.2%，达 3 581 万人，同 2009 年相比，增长幅度约为 80.56%。

二、空间流向的变化

由于各方面因素的影响，中国的城市、乡村之间一直处于“割裂”状态，再加上不同地区的发展存在不平衡、不充分，导致城乡之间、内地与沿海之间存在显著差异，而中国人口的流动情况也因此受到了一定的影响，主要表现为人口由农村、经济水平较低的地区、小城市、西部地区流向大城市、经济水平较高的地区、发达城市、东部地区。在早期阶段，人口流动的范围仅局限于省内或者邻近省份之间，随着国家经济的蓬勃发展，跨省、跨地区流动现象变得十分普遍。改革开放初期，在国民经济发展的影响之下，大部分流动人口均前往人流量大的地区、东北工业基地等区域，期待在该区域内寻找适合自身发展的平台。与此同时，安徽、河南等农业比较发达的区域也吸引了大量的流动人口。除此之外，山西、内蒙古、新疆三地由于矿产资源十分丰富，吸引了大量流动人口。统计资料显示，在1987年，进入这三个地区的流动人口占比为18.46%。到20世纪90年代，东部沿海地区在政府扶持、改革开放政策的推动之下，社会经济飞速发展，所以沿海地区逐渐发展成为人口流动的目的地，尤其是珠三角、长三角等工业水平较高的地区，流动人口数量直线上升。自1982年开始，一直到2005年，进入广东省的流动人口占比提高了数倍，由5.23%增长至22.37%，而浙江、上海等长三角地区的流动人口比例总和也显著提升，由11.27%增长至20.58%。在改革开放政策逐步深化的推动下，国内诸多城市的经济均获得了高速发展，大量流动人口均前往发达城市“谋生”，如上海、北京、天津等。其中广东省、长三角、京津冀这三大区域所流入的流动人口总和接近全国流动人口的一半。在未来很长一段时间之内，这些地区依然具备十分强劲的发展动力、拥有十分广阔的发展空间，因此这些地区的流动人口数量仍旧会呈现出增长的态势。长三角地区不但是中国经济蓬勃发展的引擎，也是国内经济最发达的区域之一，吸引了大量的流动人口。在2000年，该地区的流动人口为1 936万人，到2014年，流动人口规模已经增长至5 507万人，年均增长率高达7.57%。苏州、上海、北京等经济较为发达的城市成为中国流动人口数量增速最快的地区。2010年，广东省、北京市、上海市的流动人口数量分别为3 139万人、773.8万人、950万人，占常住人口的比例分别为30.10%、37.4%、40.1%。期望收入理论认为，通常情况下，经济水平较为发达、各项民生设施较为完善的城市较受迁移者的青睐。随着人们生活质量的不断提高，流动人口数量虽然呈现出负增长态势，但整体基数仍十分庞大，在未来很长一段时间内，流动人口仍是一个庞大的群体。《中国流动人口发展报告2016》指出，中国在未来20年之内仍会持续推进城镇化建设。个别学者主张，在现行政策、目前格局均不产生重大变化的前提下，中国的流动人口数量仍然会呈现出上升的态势。

从年龄构成层面进行分析，中青年是流动人口的主要构成部分，尤其是“80后”青年，已经成为流动人口的“主力军”。国家卫计委围绕流动人口展开了一系列调查与分析，结果表明，以“六普”数据作为基础进行估算，新生代流动人口数量连年高速增长，占总流动人口的一半以上，达1.18亿人次。《中国流动人口发展报告2016》指出，在2015年，处于劳动年龄范围内的流动人口之中，“90后”人群的占比大约为12.3%，且该比重仍在持续升高。以目前的发展趋势进行估算，到2030年左右，新生代流动人口的占比将提高至90%左右，达到2.79亿人。从性别构成层面进行分析，最近几年，男性流动人口占比远远高于女性流动人口占比这一状况正在发生变化，女性流动人口的数量正在快速增长，男女人口比例正在向均衡态势发展。女性流动人口主要包括两种类型：一是经济型流动，如外出经商务工；二是社会型流动，如举家搬迁、投奔亲友等。从文化水平层面进行分析，流动人口的文化素质日益提高，受教育年限也在逐年增长，素质结构发生了重大变化。通过对2015年流动人口动态监测数据进行深入观察与分析可知，同2013年相比，流动人口的平均受教育年限呈现出连年增长的态势，2015年为9.3年，其中“80后”流动人口更是高出平均值，达到9.8年。现阶段，大部分流动人口均是初中毕业，近年来高中学历、大专及以上学历的人数持续增长。在2010年，大专及以上学历的流动人口占比为7.61%左右，到2014年，该比例提升至12.11%，增幅十分明显。改革开放后，中国的流动人口数量持续增长。到21世纪，我国流动人口的规模继续扩大，2014年、2015年、2016年的流动人口总量分别为2.53亿人、2.47亿人、2.45亿人，占全国总人口的比例分别为18.5%、18%、18%。从国家正式实施改革开放政策以来，中国流动人口数量由初期的百万级别扩张至2亿人次以上，并且仍在持续增加。有关数据表明，在2010年，“北上广”这三个一线城市中的流动人口占比均为40%左右，而深圳市流动人口数量的占比更是高达约70%。目前，在国内一些经济水平较高、各项配套设施较为完善的城市之中，每5人中便有1个流动人口。目前，中国各城市均有一定数量的流动人口，迁移流动现象已经成为一种常态。

对于整个社会构成来讲，家庭是基本元素，社会稳定、社会进步均与家庭和睦程度存在直接关联。家庭式流动一方面可以实现个人收入最大化，将家庭风险控制在最低限度；另一方面可以极大地降低流动人口的心理压力，使流动人口快速适应城市生活，获得一定的满足感与幸福感。但在城市发展过程中也存在许多源于各个层面的问题，如住房问题、就业问题、生活成本较高等，给完整家庭式流动造成了一定的阻碍。基于此，政府部门应当针对该方面的问题制定相应的政策，尽可能地解决家庭式流动过程中存在的一系列难题，从而推动城市和谐、稳定发展。

第三节　人口流动与居住空间变动的联动影响

在改革开放初期，居留意愿与居留时间之间一直保持特定的变化规律，流动人口如同迁徙的候鸟一般，在乡村、城市之间进行自由流动。发展一段时间之后，流动人口具备了一定的经济基础，便倾向于常驻城市中，开始娶妻生子，在事业方面寻求突破。最近几年，“暂住者”转变成为“永久居住者”的现象正在成为一种常态，越来越多的流动人口开始定居于流入地，逐渐由原本频繁迁徙的“候鸟”逐渐变成“留鸟”。流动人口在迁移过程中的家庭化、长期化、稳定化特征变得越来越明显。2014年的调查数据显示，在流入地居住时间为5年及以上、10年及以上的流动人口占比分别为37%、14.4%，并且该比值仍在持续升高。2015年，北京市外来人口占常住人口的37.6%左右，为822.6万人次，并且该数值仍在快速增长。调查分析发现，从流动人口入住流入地开始，时间越长，那么定居的概率也越高，愿意并计划长期居住于此的意愿越强烈。对上海流动人口变化规律进行调查分析之后发现，流动人口居住1年后定居的概率、居住2年后定居的概率、居住3年后定居的概率分别为48.8%、

75%、81.7%。若流动人口在上海的居住时间超过10年，那么其中95%的人选择长期居住于上海。人口在流入地定居的意愿受到多方面因素影响，如年龄、经济条件、文化水平、同当地社会的互动程度等。所以，居留时间、居留意愿的变化充分表明，当流动人口在流入地有稳定的工作和良好的发展前景时，大部分人会选择在流入地定居。

一、城乡人口迁移流动

受户籍制度的影响，城市、乡村人口的双向迁移流动渠道十分狭窄，形成了一种城乡人口互不接纳的割裂局势。在科技水平飞速提升、经济条件逐步改善的作用下，城乡人口流动才开始活跃起来，并呈现出双向迁移的特点。从农村人口向城市进行流动的层面进行分析，现阶段，尽管新增劳动力总规模呈现出整体下降趋势，但是外流比例仍在持续升高。与此同时，流动人口趋向于家庭化方向的趋势也表明，老人、儿童等群体的流动比例也会增长。从城市人口向农村进行流动的层面进行分析，在城乡发展一体化战略稳步推进的影响之下，大多数长期居住于城市的原农村人口均选择回乡发展，还有一小部分城市人口喜欢乡村的生活氛围或者愿意到农村发展就业，从而由城市流动到农村。从农民工输入地层面进行分析，《2017年农民工监测调查报告》明确指出，在2017年，东部地区的农民工数量仍处于全国前列，但从农民工数量增长速度方面来看，西部地区的增速更快，与此同时，农民工回流正在加快。流入东部发达地区的农民工数量呈现出持续下降的态势，但是流入西部地区、中部地区的速度却日益加快。

二、城城人口双向迁移流动

从人口梯度转移的实际情况进行分析，跨城市规模、跨城市等级流动也是人口双向流动过程中十分显著的一个特点，主要是指从农村向小城镇迁移、从小城镇向小城市迁移、从小城市向直辖市迁移等。经济水平高的城市，其流动人口规模相对较大。从宏观层面来看，经过几十年的发展，人口流动的总体趋势仍未发生较大变动，即还是由经济水平较低、就业机会较少的小城市向一些公共配套设施完善、经济水平较高的大城市迁移。最近几年，随着政府部门在民生工程、公共服务设施建设方面的投资不断加大，大城市的流动人口规模出现了短期内急剧增加的态势，对人口流动形成了非常显著的挤压效应。通过对城城人口双向迁移流动的人群结构进行深入剖析可知，“文化水平低”的人口、“半市民”的人口是流动的主力军。由于户籍制度改革，中国流动人口数量开始下降，2017 年的该数值为 2.44 亿人。虽然流动人口的基数仍十分庞大，但是整体呈现出小幅度下降的趋势。

《国家新型城镇化规划 2014—2020 年》指出，到 2020 年，中国的流动人口数量仍将在 2 亿人次左右，虽然该数值有所下降，但是没有发生较大变化。

（1）一些经济水平较高、就业机会较多的超大城市、特大城市仍然是流动人口的首选目的地。从空间分布来看，中国东南部地区的城市对流动人口仍具备较强的吸引力，流动人口规模要远远大于其他城市。

（2）人口迁移仍呈现出跨时空、多方向的基本特点，并且从传统的省内流动发展为跨省流动。但是在各种因素的作用下，该种流动趋势发生了颠覆性的变化，从整体规模来看，跨省流动的人口占比在逐渐降低，而省内流动规模渐渐扩大。该种现象表明，人口流动的稳定性正在逐步增强。从流入地层面进行分析发现，文化水平较低、无户籍人群、随迁的老人与孩子、农民工等仍是流动人口的主要组成部分；从流出地层面进行分析发现，留守老人与儿童、返乡人群等是主要流动人口。

三、新生代流动人口已成为主力军

《中国流动人口发展报告 2016》《中国流动人口发展报告 2017》指出，流动人口的平均年龄在持续增长，2011 年，流动人口的平均年龄为 27.2 岁，到 2016 年，已增长至 29.9 岁。由此可见，新生代流动人口的规模在持续扩大。处于劳动年龄范围之内的流动人口中，“80 后”流动人口的占比在渐渐升高。

2011 年，“80 后”流动人口占比在 30% 之下，但是到 2017 年，该比例已经上升至35.5%。对于“90 后”流动人口而言，其规模增速更高。在2013 年，“90 后”流动人口占比为 14.4% 左右，到 2017 年，该比例提高至 24.2%，增幅十分显著。

四、城市“漂族”引领流动人口新趋势

“漂族”实质上是指工作所在地是除上学所在地、家庭所在地之外的城市，大部分来自家庭条件较差的乡村的流动人口。“北上广”等一线城市是低收入的就业“半漂族”的主要聚集地。最近几年，城市“漂族”人群开始呈现出回流的现象。

五、家庭式迁移流动为重要特征

目前，中国人口流动模式发生了巨大转变，即从传统的主要劳动力的个人流动向完整家庭迁移或者家庭部分迁移流动的模式发展。人口迁移的家庭化流动性正在显著增强。而在该种趋势的影响之下，流动老人与儿童的规模也在急剧扩张。《中国流动人口发展报告 2016》明确指出，3 人及 3 人以上共同居住家庭的家庭迁移模式成为主流，该类人群占总流动人口的比例在 50% 以上。

第四节　人口流动与居住空间变化给公共服务提出新要求

自进入“十三五”发展规划阶段以来，在户籍制度改革、城镇一体化战略稳步推进的双重影响下，中国流动人口来源地、流向均产生了十分显著的变化，城乡流动人口规模在快速下降，城城流动人口占比持续升高，城乡发展之间所存在的不均衡、不充分问题也发生了重大转变，即转变成为不同区域之间的不平衡、不充分问题，社会发展矛盾也产生了本质性变化，即变成了公共资源分配不合理、供需不匹配。在这种发展背景下，人口流动对公共服务的发展提出了标准更高、更加严格的要求。

一、人口流动要求消除公共服务盲区

由于受到各方面因素的制约，流动人口服务治理机制仍存在诸多不足，基层组织的责任、义务、权力未得到明确，各项工作未严格落实，特别是在一些城乡接合部、城中村区域，存在流动人口无人管辖、无人治理的乱象，各项配套设施不够完善，治理经费无任何保障。另外，一些服务项目在开展过程中也存在较大范围的盲区，未实现流动人口全覆盖治理。在对流动人口进行治理的过程中，提高公共服务水平、妥善解决公共服务项目中存在的实际问题，并实现流动人口综合治理的全覆盖不仅是首要工作，也是核心工作。

在新时代背景下，人口流动发展不但要求公共服务实现公平公正，同时还要求结合社会发展需求，通过合理化的方式从根源上消除体制原因导致的城乡割裂局面。由于户籍制度的约束，大量流动人口流入城镇后，在就业、教育、医疗等方面无法享受与常住人口一样的待遇，虽然在城市居住时间比较长，但是仍需承受较大的生活压力、工作压力，精神需求不能及时得到满足，没有归属感与满足感。流动人口由源于多个地区、不同民族、不同年龄阶层的人员共同构成，是一个庞大的群体。在建设小康社会的过程中，必须要妥善处理流动人口在公共服务方面的实际问题与生活矛盾，使该类人群可以充分享受经济高速发展、社会文明程度不断提升带来的良好成果。

二、人口流动要求公共服务多维改善

(1) 根据人口流动发展趋势的要求，社会民生品质要以垂直形式逐步提高，从而更好、更快地满足流动人口在民生服务方面的多元化需求，使民生服务实现从“数量”向“质量”的转变，推动社会民生的良好发展。

①人口流动要求居住保障服务更加安定有序。人口流动要求必须突破户籍制度的约束，使保障性住房的覆盖范围得到进一步扩大，结合城市发展需求与流动人口的变化特点，积极探寻更加多元化的住房体系，如共有产权房、公共租赁房等，从而妥善解决流动人口在住房方面的困难。

②人口流动要求现代教育更加普适智慧，使教育全局性、先导性的优势得到充分发挥，确保每一位适龄儿童均可以享受平等的教育，为流动人口、外来常住人口提供教育方面的后勤保障。针对该类群体的特点，创设多元化教育模式，如快速技能培训等，使常住人口、流动人口均可以平等享受高质量的教育资源。

③人口流动要求医疗卫生服务更加便捷高效。根据医疗卫生服务发展的总体战略规划，立足于实际医疗服务，将全面提升医疗服务供给质量作为切入点，通过合理化的方式逐步强化医疗卫生机构的服务能力，结合流动人口、常住人口的不同变化特点，创设多元化的医疗卫生服务项目。

（2）人口流动要求社会民生服务水平性转移。人口流动要求在就业服务、社会保险等方面，在城市、乡村之间实现良好对接，尤其是农民工、灵活就业人群等特殊群体，要能够实现社保、医保的快速转移或者异地应用。结合医保标准化的建设进度，积极推动医保异地结算机制的构建，将流动人口住院医疗费用的异地结算作为重点工作，确保各项医疗服务工作得到贯彻落实。根据不同地区的缴费基数、缴费水平，对缴费记录、权益记录进行高效整合，实现社保跨区转移。

（3）人口流动要求社会民生资源针对性配置。从微观层面进行分析，人口流动要求社会民生资源实现合理化配置，要让低学历“漂族”“半市民”、随迁老人与儿童、农民工等各类人群平等享受各类民生资源，保障其基本生活权益。以随迁老人为例，该类人群年龄较大，在心理、身体方面均存在较高的安全风险，所以要在医疗服务方面给予一定的倾斜，从而使随迁老人享受高质量生活。

①教育：流动人口子女入学难问题一直是社会热点，子女留守、随迁漂流产生了各类社会风险。相关统计数据显示，流动人口中，适龄儿童无法正常入学的人数超过一半。各级政府部门为了确保流动儿童可以接受相应的教育，制定一系列保障措施，搭建多元化的入学平台，解决流动儿童在教育方面所存在

的实际问题。对于大部分流动家庭来讲，公立学校需要缴纳巨额借读费，家庭无力承担；一些简易的私立学校虽然收费低，但办学条件较差，甚至没有合法手续，安全性无法得到保障。正是基于该种情况，流动儿童的入学率一直处于较低水平，流动儿童无法公平享受教育资源，存在“上不起学、无学可上”的实际困难。最近几年，国家对生育政策进行了调整，而普惠性学前教育资源不足的问题也因此变得更加严重，“入学难、入学贵”的问题日益突出。目前，由于农民工子女无法接受良好的教育，再加上生存环境比较恶劣，农民工子女的犯罪率直线上升，对城市稳定发展造成了极大的威胁。

②就业创业：在实施精准帮扶战略的过程中，受各方面因素的制约，社会存在信息流通不畅、交流渠道缺乏的现实问题，从而导致流动人口无法承担创业失败所造成的损失，也造成了流动人口的就业环境急剧恶化。现阶段，我国人口流动的特征可以概括为三个方面：其一是人口流动速度放缓；其二是农民工回流速度日益加快；其三是青年群体在流动人口中的占比持续升高。该种环境从时间、空间两个方面对就业创业服务提出了新要求。由于流动人口逐渐向举家迁移的模式发展，随迁老人、儿童逐渐增多，新生代农民工更期望、更愿意在城市之中谋得一席之地，找到一份收入稳定的工作。目前，在国内诸多一线城市中，“半市民”“低学历漂族”等人群普遍存在，导致社会不稳定风险升高。对于大部分返乡创业人员来说，缺乏资金、技能水平较低等是导致创业失败的主要原因。

第五节　社会工作在社区整合性服务中的探索

一、建设专业化的社会工作者队伍

从表面来看，社会工作的主要目的就是为社会上存在困难的人提供适当帮助，工作内容十分简单，似乎每个人均可以胜任。但是从本质层面进行分析，社会工作具备较强的专业性质，从业人员必须经过全面培训与考核之后才可以上岗。在具体工作过程中，受助人群来源于多个领域，并且存在工作场景多变性、工作过程连续性等复杂特征，导致社会工作的不稳定性、不确定性增高加。若从业人员未接受相应的培训，工作的开展将十分艰难。对于一名优秀的社会工作者来讲，熟练掌握专业知识与技能是前提条件，社会工作者要能够根据受助者的年龄、职业等提供多样化的服务。以老年人为例，《老年社会工作指南》中对老年社会工作的服务内容进行了介绍，如临终关怀、精神慰藉等，这一系列服务涉及医学、心理学、哲学等各个学科的知识。所以，结合社会发展需要，进一步强化社会工作者团队的建设，运用多元化的方式使整个团队的综合素质得到大幅度提升，对流动人口管理、确保流动人口享受稳定的教育服务等方面都具有十分重要的现实意义。

（1）对目前已有的人力资源进行高效整合。现阶段，社区教育工作者队伍呈现出多元化的基本特点，例如有志愿者队伍、师资队伍等，要从多个层面、多个维度去探索、挖掘不同人才队伍所蕴藏的潜力，积极引导与鼓励该类人群加入流动人口的社区教育工作之中。

（2）积极构建金字塔型社会工作团队。其中塔顶是由县级及其以上的专业社会工作者构成，人员数量控制在2~3名。该部分人群必须要经过社会工作的专业化培训，并且顺利通过相应的考核，主要工作内容就是针对特定区域流动人口的教育工作制定合理的整体发展规划，对流动人口教育工作中存在的问题进行深入研究，并提出相应的处理措施。中间层由2名或者2名以上的乡镇级社会工作者构成，主要负责日常工作的执行与监督。基础层由村级社会工作者构成，结合所管辖区域流动人口的具体人数来确定社会工作者的规模。

二、立足优势视角

优势视角实质上是在开展社会工作过程中的一种新型模式，它提倡以积极的心态，从优势视角对案主与案主所处的实际环境进行观察与分析，从多个层面找出案主所具备的潜力以及所处环境中隐含的有利资源。同常住人口相比较而言，在社会地位、子女教育、就业机会等方面，流动人口均处于劣势地位。但是若从发展角度、主体特征层面进行分析，流动人口具备较强的耐力，适应性非常强，并且主观上愿意通过自身努力提高整个家庭的经济水平，而这些正是流动人口所具备的优势。由此可见，虽然流动人口在生活、教育等方面存在诸多困难，但是若从优势视角切入分析，流动人口具备较强的发展动力。鼓舞人心、凝聚力量正是优势视角的核心所在，立足优势视角分析可以找出个人、家庭等存在的优势。当流动人口由于学习、工作、教育、医疗、住房等各个方面的压力而“无法喘息”时，立足优势视角进行问题分析，将会点亮流动人口的希望之火，使他们重新树立坚定的信念，释放出更加强大的力量。以该种理念为科学指导，学校、社区应当对流动人口的发展状况、所拥有的优势进行深入分析，然后将其作为切入点，结合实际需求，对服务内容、服务形式进行设计，从而为流动人口提供实质性帮助，解决流动人口各方面的问题。如此一来，流动人口将会改变观念，树立坚定的信心，并积极参与各种社区活动。

三、满足流动人口的教育需求

需求不但是一种导向，而且是一种强大的动力。服务工作的设计与开展，均需要以需求为前提。在开展社区教育活动的过程中，若流动人口不愿意、不积极参与，不只是关注度低、信息流通不通畅等方面的原因，主要还是活动形式、活动内容同流动人口的需求不匹配，因而流动人口无法从活动中获得满足感。所以，社会工作者应当将需求作为导向，走入流动人口的“心中”，通过实地走访、问卷调查等形式，了解流动人口的需求以及流动人口在活动形式、活动内容方面的要求，然后对政府部门、公共场所、事业单位等各个方面的资源进行高效整合，在遵循就近原则的基础上，探索各项资源的结合点与均衡点，从而搭建互联互通、高效完善的社区教育资源网络体系，切实满足流动人口在教育方面的需求。另外，还需要建立需求反馈机制，从而及时掌握各项工作的落实效果，以便及时对服务内容、服务形式作出合理调整，同时还可以使流动人口更快、更深入地参与社区活动。

按照现行流动人口的管理办法，流动人口管理收口在各居住社区（村），因此社会工作介入对流动人口的服务与管理，应当将流动人口较多的社区作为重点。

（一）个案工作介入

个案工作介入主要是将个案工作过程中的一些基本理念、技巧等直接套用于家庭教育服务或者个体教育服务工作之中。承认并明确案主的主体性是个案工作介入的前提与重要基础。马克思认为，个人采取何种方式开展自身生活，那么他们自身便是这种实际情况，所以他们的状态与生产之间存在高度一致性，不但与他们生产什么保持一致，同时也与他们怎样生产存在密切关联。通俗来说，个体所参加或者开展的实践活动直接决定了个体的基本特征，所以，社会工作者在对案主进行调查与分析的过程中，必须要将案主在社会、生活等方面的实践活动作为重要分析资料，运用面对面、一对一的形式为流动人口或者家庭提供相应的服务，并为他们的学习、生活、工作等各个方面提供科学指导，帮助他们挖掘自身潜能、整合自身资源，从而使其更快地适应生活环境。当将个案工作介入应用在教育中时，社会工作者可以应用下列三种方法：其一是挖掘潜质法。在个体迷茫困顿、悲观消极时一般选用该方法。在使用该方法时，专业社会工作者将会直接介入，运用正确引导、大力扶持等手段帮助案主重新树立信心，充分展现自身优势。其二是赋权增能法。当个体由于外部因素的影响而感到浑身乏力、无助时，社会工作者一般选用该方法。社会工作者会通过各种方式来进一步强化案主的自信心，帮助他们通过学习提高个人能力，从而达到自我良好发展的目的。其三是个案管理法。社会工作者可以对各类服务内容进行高效整合，在案主、服务者之间构建高效通畅的沟通机制，增强服务的针对性与有效性。

（二）小组工作介入

小组工作介入主要是指社会工作者按照不同个体需求的差异、性格特点、所处环境等，构建不同的社会群体组织，充分发挥群体力量，以科学的工作策略为指导，运用多元化的手段开展相应的专业服务。社会工作者会在小组成员之间搭建多元化的沟通渠道，使每个小组成员之间可以实时分享个人经验或者针对某个问题进行交流，一方面可以进一步提升个体的沟通能力与人际交往能力，使小组成员间的凝聚力得到强化，扩大流动人口的人际圈，从而使其更快地融入现实生活之中；另一方面，使每一位小组成员在交流、学习等过程中，既收获理论知识，也获得能力提升，积极鼓励与引导他们加入社会发展过程中。在流动人口社区教育方面，小组工作介入可以采取两种方法。其一是个体目标法，社会发展目标与小组成员的实际能力之间所存在的具体差距是该方法所关注的重点。社会工作者将发展目标作为重要导向，为小组成员个人目标的制定、实施提供科学指导，然后根据相应的规划开展各类学习活动，从而实现强化小组成员联系、提高社会适应能力的目标。其二是个体交互法。该方法不但将流动人口个体作为关注重点，还会分析个体所处的生活环境。小组是每一位成员扩大个人交际圈的一个重要平台，小组成员间要相互学习，为实现小组目标贡献个人力量。

（三）社区工作介入

社区工作介入主要是指社会工作者以社区目前人口总体结构、发展现状等为基础，将社区活动作为重要载体，通过社区服务的形式帮助流动人口丰富活动经验，并充分享受社区服务的一系列成果，从而使其快速适应周围的环境，与他人构建良好的关系。全体居民是社区工作介入的主要对象。社区工作介入一般应用在流动人口占比较高的社区中。社会工作者在为他人提供服务的过程中，必须具备“整体主义”观念，将居民集体定义为一个有机整体，然后通过恰当的方式选取一部分展开深入探析。社区内居民的生活方式存在较大差异，居民工作烦琐复杂，所以社区工作介入存在介入时间不固定、介入过程漫长的特点。基于此，在正式介入之前，社会工作者应当做好充足准备，主要可以从三个方面入手：第一，调研与分析，从多个层面、多个维度调查流动人口在教育方面的实际需求，对社区居民在生活、学习、工作等各个方面所存在的实际问题进行分析；第二，规划与设计，参照调研结果，结合实际情况，制定合理、完善的教育活动方案，并设计科学、高效又顺应居民集体愿景的活动；第三，组织与协调，全面推进与落实所设计的活动项目，从活动效果、参与度等各个方面对整个活动的价值进行探析，然后再结合分析的结果对活动项目进行调整、优化，从而形成较为理想的教育活动项目。

在经济建设、社会发展的过程中，流动人口不但是十分重要的参与者，也是不可或缺的一股力量，但由于工作、学习、住房、医疗等各个方面的压力，流动人口的发展呈现出不确定、不稳定的特点，对他们参与社会建设的热情产生了巨大阻力，进而对社会和谐稳定发展造成严重阻碍。运用社会工作的手段，以教育领域作为切入点，推动流动人口实现个体的良好发展、稳定发展，使其在社会建设过程中贡献出个人力量，这是目前社区教育工作的一项重点内容。社会工作介入流动人口社区教育，不但与工作职能、专业责任感存在关联，也受到了稳步推进公共服务体系建设的影响，最为重要的则是运用专业介入的方式来进一步提升流动人口的社区教育效果，为流动人口的发展提供良好平台。

第六章　居住空间聚类变动与社会服务匹配性研究

“居住空间”是建筑学中常用的概念，建筑学在使用这一概念时是指个人或家庭住房的室内空间，社会学借用这一概念来研究社会中的住房以及居住环境等问题，赋予了这一概念更广泛的含义，除了表达住房本身，更多的时候是指社区的自然环境、基本公共设施等硬件条件以及人文环境，尤其是公共服务等软件环境。以“空间”作为一种视角来研究居住空间所体现的社会结构、社会分层以及社会变迁中的诸多问题，具有十分重要的现实意义。本章将探讨我国自改革开放以来，居住空间发生的变化以及这一变化给社会服务[1]结构带来的挑战，并提出对策建议。

第一节　社会变迁过程中的居住空间聚类变动

近些年社会学界对空间向度表现出了高度的热情，不少学者用空间理论解释社会分层的现象，这也给我们研究我国居住空间变动提供了一个很好的视角。

① 社会服务指由政府、市场或非营利组织向大众提供的具有消费非竞争性和获益非排他性特征的福利性产品或服务，也可称之为公共服务。有些学者对这两个概念做了区分，认为社会服务含义更广，除了包含福利性服务，还包括生产性服务等。在本书中这两个概念可以进行同义替换。

一、居住空间与居住空间分异的研究脉络

改革开放以来，大量农村剩余劳动力向城市流动，不论是农村还是城市的居住空间都发生了很大的变化，有学者把这种变化命名为“居住分异”或“居住空间分异”。居住空间分异是指不同阶层、不同收入水平或者本地居民与外来移民居住在不同的空间范围，从而形成居住分化甚至相互隔离，这种分化实质上是一种社会分层在空间格局上的体现。居住空间分异是一种客观存在的现象，世界各地都有此类现象，例如美国纽约上东区是有名的富人区，布鲁克林则是典型的穷人区；又比如中国香港特别行政区的浅水湾是富人区，深水埗则是穷人区。城市居住空间的过度分异会影响城市居民的生活质量，成为影响空间正义与社会和谐的“城市病”，因此越来越多的学者开始关注居住空间分异问题。梳理居住空间研究方面的理论，总结起来主要有五个学派：人类生态学取向的生态学派、新古典经济学取向的新古典学派、行为理论取向的行为学派、历史唯物主义取向的马克思主义学派以及社会学取向的制度学派。在这方面比较有影响的理论有如下几个。

（一）芝加哥学派：城市生态学与城市经济学

20 世纪二三十年代，美国芝加哥学派运用人类生态学的理论研究城市空间问题，是较早研究城市空间问题的学派之一。该学派认为城市居住空间是生态、经济、文化相互作用的共同体。该学派把“社区”作为一种观察或分析单位，就社区的物质形态和生态过程进行理论构建和经验总结，为研究城市空间提供了一种新的模式，因此芝加哥学派也成为社区研究的代表性学派。大家熟知的关于城市空间结构的三大模型“同心圆模型”“扇形模型”以及“多核心模型”就是该学派提出来的。城市经济学是该学派的另一个分支。城市经济学受古典经济学影响，从经济维度入手，以住宅的消费偏好和消费需求为切入点，对个体的家庭偏好和住宅需求与选址进行分析。这一学派的共同点是以微观视角来研究城市居住空间结构问题，把城市居住空间结构的形成和变迁归因为个

体对城市生态环境的适应或者个体的理性消费选择。

（二）制度分析学派：区位冲突理论与管理主义理论

区位冲突理论认为，不同的利益群体，如房地产开发商、企业或机构所有者、个体所有者和城市经理人等，在利益抗衡过程中决定居住空间的分配模式，导致冲突的根源是资源的稀缺。该理论把城市住宅看成一种可以分配的稀缺资源。除了住宅本身的稀缺之外，区位好的住宅还附加了良好的教育资源、医疗条件、公共服务等“外部性”价值。根据福尔姆的研究，经济实力越强的群体对住宅分配的权力越大，也就是说，“权力精英群体”通过对普通或者下层民众的压制决定了社会基本结构，也决定了城市居住空间结构，随之而来的是阶层固化、流动困难，因而逐渐引起普通民众和下层人士对现状的不满而产生冲突，冲突则引发变迁。

与区位冲突理论相比，管理主义理论仍然是从宏观的角度来研究住宅空间与区位及其所包含的附加价值问题，也认为由于住宅空间的独占性和排他性，在住宅空间分配过程中必然存在冲突，不同层次的住宅群体体现了社会分层的本质。不一样的是管理主义理论还关注到了国家调控政策对于住宅分配的影响，住宅阶层的划分不能单从市场层面去看，还应加入社会环境、政策设计等因素。此外，管理主义理论把研究视角从需求侧的个体消费行为转为了供给侧的城市经理人行为，将城市住宅配置过程概括为三个关键问题：稀缺的住宅资源怎样配置、配置法则由谁决定以及怎样选出制定配置法则的城市经理人。之后，受马克思主义的影响，持管理主义理论的研究者意识到，城市经理人还受到更高层面的官僚体制的影响，于是将住宅研究转向国家和资本主义等更为宏观的层面来分析。

（三）马克思主义政治经济学

20 世纪 70 年代，全球资本主义经济出现危机，一些马克思主义者如列斐伏尔、卡斯特和哈维等开始关注社会经济结构分析。他们由个体理性消费行为、市场调节和政府调控等表象入手，分析了居住空间结构背后的生产力与生产关系的本质。强调城市居住空间的社会性和物质生产对城市居住空间发展的决定性作用，将城市居住空间视为特定生产方式中结构因素的具体表达，试图构建资本积累、劳动力再生产、社会关系和城市居住空间发展过程的因果关联。

（四）我国关于居住空间的研究

我国对于居住空间的研究更多地集中在城市规划和城市地理学方面，从社会学角度研究居住空间起步较晚，最初是介绍国外关于社会结构及社会分层的相关理论，逐渐转向关注国内部分城市的居住分异或社会分异的现状、居住空间分异的动力机制、居住空间分异对社会整合的影响、控制过度分异的政策建议等。绝大多数学者都在研究城市居住空间分异，而研究乡村空间的寥寥无几。

二、我国居住空间分异的过程与实践逻辑

居住空间分异作为一种社会现象古已有之，周代就有了内外城之分，内城住达官贵人，外城住平民老百姓。近代北京亦有“东富西贵，南贫北贱”的俗语。但中华人民共和国成立以后，我国实行计划经济，居住格局相对来说是以单位为基础划分，属于相对混居的状态。自城市住房市场化改革以来，房价的筛选功能也逐步体现，加之居民收入分化、贫富差距扩大，居住空间阶层化逐渐显现。研究我国居住空间的变动现象绝不能忽视城乡二元结构的社会背景，因此城市和农村的居住空间变动情况要分开论述。

（一）农村社区空心化

自改革开放以来，我国大量农村人口流向城市，这也是现代化和城镇化发展的必然趋势。农村剩余劳动力向城市转移，一方面促进了城市的快速发展，另一方面造成了农村社区“人走村空”，乡村衰落，导致了农村留守老人、留守妇女、留守儿童的“三留”现象以及农业副业化、人口老龄化、农村空心化的“三化”问题。

农村空心化最早是基于地理学和建筑学视角提出来的，用以描述乡村聚落

拓展的演化过程，后来其逐渐被借用到人口学和社会学中，用来描述农村人口分布不合理以及社会服务不匹配等问题。综合不同学者的观点，可以把农村空心化概括为“基于人口空心化而导致村落的空置、废置和人才空缺等现象，产生城乡关系变化、农村基础设施落后、农村社会服务缺乏、农村人口主体变化、农业产业结构不合理等问题的连锁反应”。这种现象已严重阻碍农村经济和社会的发展。农村社区空心化主要呈现出以下三个特点：一是人口空心化，这也是农村空心化最本质的特点，绝大多数青壮年劳动力流向城市，只留下老幼妇孺，少年儿童的教育、老年人的照护等基本服务需求难以得到满足。二是土地空置化，由于第一代农民工绝大多数是钟摆式流动，平时在城市打工，逢年过节才回到农村，他们的目标更多的是攒钱回乡盖新房。这一方面引起村落扩张，导致“外扩内空”，另一方面是大量土地荒废、无人耕种，造成了国土资源的严重浪费。三是社会服务空缺化，人口流动导致“人走屋空”和村落扩张导致“外扩内空”使得农村居住呈现出零散性特征，而居住空间的变动影响着城乡统筹格局，变动后的农村社区社会服务缺乏。

（二）城市居住空间：从单位制到阶层化

单位制是我国计划经济体制下一种特殊的组织形式和社会调控形式。“单位”是联系政府与个人的中间环节。在单位，个人可以满足衣食住行等全部生存需求，获得教育、医疗、福利等资源。同时，作为行政化组织，每个单位都受政府行政管理，从上级政府那里获得资源供给。每个单位都有行政级别，单位行政级别越高，其员工的身份地位就越高，福利也越好。不同于西方资本主义国家的城市空间由经济竞争能力决定，单位制下的城市空间格局服从于政府行政规划与安排。每个单位自成一个“小社会”。单位不但是员工工作的地方，也是员工生活的场所，城市空间分化不明显。

随着中国从计划经济向市场经济转变，单位越来越需要依靠市场获取资源。为了提高市场竞争力，单位的社会功能逐渐弱化，单位制开始解体，城市社会逐渐发生变化：一是城市居民收入差距越来越大；二是住房实行商品化改革；三是大量农村剩余劳动力涌向城市，流动人口迅速增多，导致城市居民的居住空间布局发生变化，从过去单位制下社区内异质混居、社区单位隔离的空间结构转变为由不同收入和不同地位的群体形成的社区内同质聚居、社区间阶层隔离的空间结构。城市中形成了别墅、现代社区、普通商品房小区、保障性住房小区、老城区、村转居社区等不同档次的有明显阶层化特点的居住结构。

三、居住空间的聚类变动趋势

有学者把农村社区“空心化”和城市社区阶层化下，城乡居住空间随着经济社会发展变化不断重构，使得同一阶层的聚居在一起、不同阶层之间隔离分化的这种现象称为居住空间的聚类变动。聚类这一概念起源于计算机网络学科，近年来被管理学、城乡经济学和社会学引用到城市居住空间分异的研究中，用“居住空间聚类”的概念来描述具有相同特质的居民向统一的空间范围聚合并呈现出城市社区阶层化的现象。纵观我国城乡社区的变化，居住空间聚类变动已经成为不争的事实，并呈现出三大主流聚类形式，即面向各领域高知识与高技能型人才的政策性支持住房小区聚类、面向普通大众的商品住房小区聚类、面向城市低收入人群的公共租赁住房聚类。

第二节　居住空间变动过程中社会服务供给变化

我国是家国同构的社会，家是最小国，国是最大家，因此长期以来我国社会管理是“大政府小社会”式的管理，政府像家长一样，包揽国民的衣食住行，社会服务则更是由政府一手包办。改革开放以来，经济社会快速发展，政府提供的社会服务已完全跟不上人们的需求，因此政府开始进行改革，创新社会服务供给模式，而社会服务供给则逐渐从政府主导的单一型服务供给转变为多元主体型服务供给。

一、行政主导型服务向多元主体型服务的转型

一般来说，社会服务的供给主体有政府、市场、社会组织等。由于社会服务的非营利性和非竞争性的特点，政府成为社会服务供给的主体。政府提供社会服务有其自身的优点，具有权威性、计划性和普遍性。对于纯公共物品和“市场失灵”的公共物品领域，政府供给模式比较适用。另外，公民普遍需要的基本公共服务也应当由政府提供。但政府提供社会服务也存在效率低下、难以了解公众的真实偏好、难以满足多元化社会需求等局限。社会服务也可以由市场提供，这是经过了很多经济学家讨论论证后才开始实施的。实践证明，市场提供社会服务更多元、更有效率，因为其提供服务时是竞争导向、业绩导向以及差别化导向的。但是市场提供社会服务一般只适用于一些准公共物品，那些难以获取收益的纯公共物品，市场不愿意提供，且引入市场机制可能导致服务的碎片化或者一些服务空置浪费。社会组织自愿提供公共服务是社会服务提供的非常必要的补充手段，但这要求社会组织发育比较健全。目前由于社会组织资源有限，提供的服务相对业余，因此只能作为补充。

我国的社会服务最初完全由国家提供，但是随着政治经济体制改革的进行，原有的行政主导型社会服务供给模式的缺陷逐渐暴露出来。首先，重视经济发展、轻视社会管理的发展观导致社会服务供给不足，尤其是农村教育、医疗、社会保障等多方面的社会服务不足；其次，政府垄断，社会服务质量低下，服务意识淡薄，服务供给效率低下；最后，社会服务区域、城乡、服务种类之间结构不平衡，导致供求不匹配。这些都表明行政主导的社会服务供给已经不适应社会需求。转型时期的中国出现了很多新的特点，如人口老龄化加剧，家庭结构核心化，家庭功能弱化，要求更加丰富多元、高效可及的社会服务供给。这些都成为我国社会服务改革的动力因素。改革开放以后，政府下放权力，放松管制，进行市场化改革，以“效率优先，兼顾公平”为基本理念。进入 21 世纪后，过度市场化引发了突出的民生问题，公共服务改革再次转向，开始注重社会公平，解决社会服务市场化进程中出现的政府缺位问题，探索社

会服务供给方式创新，促进社会服务社会化和主体多元化。

二、城市社会服务差异化

居住空间分异不仅仅是简单的“同质人群聚居，异质人群分化”，更是一种阶层分化。权力精英聚集在现代社区，普通民众聚集在发展中社区，底层群众聚集在老旧城区或安置小区，其本质是社会空间分异，体现了空间上的政治权利分配。现代社区有着更优良的自然环境以及更好的教育、医疗、交通等公共服务资源，而传统社区则环境恶劣、卫生不佳，难以享受优质的教育、医疗、交通资源，这样的中心边陲格局显然损害了空间正义。

我国住房的市场化改革具有“分割性”，这种分割性的住房政策加剧了社会分化和隔离。房价筛选了不同购买力的群体，导致了城市居住空间分异。具体而言，居住空间变动和社会服务差异的产生逻辑如下：

（1）城市中心的老旧城区改造，造成了城市社会服务的初次分化。有的老旧城区积累了社会服务的比较优势，部分老旧城区在良性改造过程中再次经历高收入群体聚居，但也有少量老旧城区没落，成为贫民窟。

（2）政府在发展地方经济以及依靠土地财政创收过程中进行的城市规划和新城区建设，改变了社会服务的分配格局。受地价和拆迁因素影响，交通便利、环境优美的地区通常形成高端商务小区或者别墅区，并且有着完善的服务设施配套，而因产业升级而衰落的区域如老旧工业生活区等则难以得到社会服务再投入。

（3）城市化向郊区的扩张造成了两种不同的结果。一方面，城镇化过程中政府规划的科技新区等新城区由于政府政策偏重、预算较高，服务配备完善。另一方面，因城市扩张自然形成的城郊接合部服务配置缺乏、起点低，故难以满足居民的需求。

（4）政策性住房和商品房等多样化的住房建设，使得社会服务呈现出碎片化格局。为解决住房困难而修建的政策性住房如经济适用房、公租房、廉租房等散落在城市各个角落，构成中下层住房样貌，这些小区多因政府投入低、治安管理差，成为社区治理的难点。

由此可见，城市社会服务的差异受地理位置、政府调控、市场竞争、福利政策与个人选择等诸多因素影响，而这些因素背后是资本逻辑下政府和市场理性选择的结果。这些因素通过房价这一中间变量发生作用。相同层次的社区空间构成了一个相对完整且封闭的社会服务体系，割裂了城市，形成了所谓的碎片化城市。原有的以受教育水平、职业等以社会资源为依据的隐性分层通过居住空间分层显性化了。可见，居住空间已然成为影响社会服务供给的重要因素。

三、农村社会服务缺乏

农村的社会公共服务与城市的有较大的区别。传统的农村服务宏观上包括农村基层政府的行政服务、农村信息服务、农村环境保护、大江大河治理；中观层面上的准公共产品供给服务有农村义务教育、电力设施、小流域防洪涝设施建设、农业科技成果推广、公共卫生、社会保障等；微观层面上的准公共产品供给服务有农村高中（职高）教育、水利设施、医疗、道路建设、文化馆等；还有在性质上近似私人产品的准公共产品供给服务有农村电信、电视、成人教育、自来水等。现代意义上的社会服务主要强调微观层面的教育、医疗、卫生、交通、文体和娱乐等公共产品。农村社区的“熟人社会”性质更接近滕尼斯提出来的社区的含义，社区成员之间连接紧密，具有重建社区的先天优势。然而目前我国农村社区社会服务非常匮乏，与有着完善便利的社会服务设施的城市相差甚远，农民难以享受到良好的社会服务。在社区重建的背景下，不应该忽略农村社区的重构，应忽视农村人口对社会服务的迫切需求。

四、城乡社会服务“社区化”

加强社会建设是党的十八大以来的热点问题。随着社会建设和社会管理创新实践的不断深入，社区被重新重视，党的十九大报告明确提出，要“加强社区治理体系建设，推动社会治理重心向基层下移，发挥社会组织作用，实现政府治理和社会调节、居民自治良性互动”。越来越多的学者认为不论是社会服务还是社会治理，都应该将重点下移至社区，“由社区建设达成社会建设”，因此公共服务和社会服务也应该依托社区来开展。近年来，社区养老、社区卫生服务中心、社区教育、社区文化活动等社会服务发展迅速，社会服务“社区化”趋势越来越明显。

第三节　不同居住空间类型的社区社会服务供给

如前所述，居住空间聚类变动形成了不同层次的社区类型，每一类社区内部同质性强，社区之间阶层化明显。不同层次的社区类型对社会服务的需求不一致，服务消费能力和获取能力不同，因此形塑了不同的服务供给方式。

一、主要的社区类型及社会服务需求[①]

（一）保障性住房小区

这类社区属于传统社区，主要包括公共租赁住房小区、安置小区、经济适用房等构成的保障性住房社区。此类小区是面向符合相关条件的城镇中等偏下收入住房困难家庭、新就业无房职工和在城镇稳定就业的外来务工人员等群体的保障性住房小区。这些社区居民处于社会的中下阶层，收入较低，资源获取能力不强，处于满足基本生存生活需求阶段。他们对于社会服务的需求存在个体差异，需求多样，但最迫切的需求是基本公共服务需求，如贫困救助、职业技能培训、社会融入、志愿服务等。他们的发展性、享受性等福利服务需求受

① 社区住宅的种类有很多，除了本书描述的三类外，还有城乡接合部社区、老城棚户区等。本书按照主要的居住层次将社会住宅分为保障性住房小区、普通商品房小区和高级住宅区及别墅区，是为了便于归纳不同阶层居住空间的主要需求，是一种抓“主要矛盾”的做法，是一种理想化的描述。实际的城乡居住类型远远不止这些，而且居住的人群和需求也更为复杂多样。

到限制，即使有也是寻求非正式支持而非正式的公共服务。

（二）普通商品房小区

这类社区的主要居住群体是接受了高等教育的新兴白领阶层、普通的国家机关事业单位基层工作人员、国有企业基层员工、普通创业者、小本经营的商人等。此类社区属于中产阶层社区。社区居民的基本生存需求已经得到满足，发展性需求凸显。其社会服务需求主要有两类：一是福利服务，例如社会保险、就业或创业政策或服务、家庭社区养老服务、妇女儿童照顾等；二是专业服务，包括婚姻家庭咨询、心理辅导与精神调适、文体娱乐活动等。他们的需求是多样化的，发展性需求日益增多。这类社区要求有比较专业的社会服务供给，然而目前社会服务供给结构的适应性与灵活性都较低，难以满足社区居民的需求。

（三）高级住宅区及别墅区

这类社区的居住主体是有着高经济实力、高文化素质、高社会地位的“三高”群体。他们是普通人眼中的“成功人士”，属于精英群体，也是利益既得者。由于掌握了较多的社会资源，他们居住的社区属于现代社区，硬件、配套设施和服务齐全，出行便捷，周边环境干净整洁、景色优美。他们既拥有优良的区位优势，又拥有最优质的社会服务设施、公共文化资源。他们需要满足的是高层次的、高品质的需求，其社会服务需求是高质量、专业性、个性化的，如私人医生、高级管家、营养搭配师、家庭教师等一对一的服务，体现了高端人群对社会服务高度的全面性、针对性和隐私性要求。他们对于国家的基本公共服务需求不大，但需要市场提供专业、高效、高质的服务。显然，现在的市场供给还无法满足他们的需求。

二、不同层次社区社会服务供给问题

总的来看，社会服务供给存在的问题有供给主体单一，以政府为主；基础设施落后，跟不上需求增长；供给与需求之间的沟通渠道不畅通，输送受阻；

供需位序失衡，最迫切的需求得不到满足，已有的社会服务存在空置和浪费等。具体来说，保障性住房小区、普通商品房小区和高级住宅区及别墅区的服务需求不同，服务供给也有差异，存在的问题也各不相同。

（一）保障性住房小区

保障性住房小区作为传统社区，其住户的基本需求主要是生存和基本生活需求。这类社区存在的问题包括：一是供给主体单一，社会服务资金匮乏，社区社会服务水平低。虽然我国正在推进社会服务供给多元化改革，但目前绝大部分的社会服务仍然是由政府提供的。虽然政府提供的服务一般是低价或免费的，但是项目单一、效率低下。由于资金投入不足，社区的社会服务项目种类不丰富，服务质量难以提高，并且社会服务供给严重滞后于社区居民的需求。以社区养老为例，很多传统社区没有社区养老服务，部分传统社区有日间照料中心、老年人活动室等，但这些设施都没有实质性功能，形同虚设。还有部分收费制日间照料中心被当成社区养老院，大部分居民不愿意花钱，导致这些日间照料中心长期空置，存续困难。又如社区卫生服务中心也存在问题，如医疗服务设施简陋、设备落后、药品种类不全、社区居民医疗档案不全等，难以满足社区居民尤其是老年人的医疗服务需求。二是社会服务专业人才缺乏。要想提高社会服务质量，人才是关键。我国社区工作人员很少有社会工作或者医学、心理学等专业背景，因此，大多缺乏社会服务的专业训练，并且从业以后也缺乏相关职业培训。虽然有的高校设置了社会工作、家政学、心理学等社会服务人才专业，但是这些专业招生较难，毕业后转行的较多，对口就业的较少。社会服务专业人才培养和使用机制不健全，社会服务业待遇不高，行业认同率较低，难以调动社会服务型人才的积极性，因此社会服务的质量难以提高。

（二）普通商品房小区

普通商品房小区居民属于中产阶级，其基本生活需求可以自给自足，发展性需求不断增强。对于这些小区来说，服务供给问题如下：

（1）供需位序失衡，有效需求得不到满足。这些社区具有相对完善的物业服务，有幼儿园、文化活动场所等配套基础设施，但是居民日益增长的发展性服务需求供给不足，如高质量的托老托幼服务、专业的婚姻家庭和心理咨询服务等供给不足。

（2）社会服务供给结构不合理，供给量不足。发展中社区基本服务供给充足，甚至有剩余，然而专业服务缺乏，已有的专业服务不够专业、质量不高，无法满足居民需求。从供给数量看，服务总量看似充足，但按照需求程度排序，许多迫切需求的专业服务远远不够。调查显示，一般的商品房小区医疗保健服务的供给率为26.5%，但医疗服务的需求率却达到50.2%，接近供给率的2倍；法律服务的整体供给率仅为6.4%，而该项服务的需求率高达26.9%。

（3）社会服务资源地理分布不均衡。社会服务作为一种福利资源，其分布和分配受服务供给方、服务对象、服务输送系统等多因素影响。总的来说，现代社区可以获取更多和更优质的服务资源，并且这些服务还有一定的封闭性、排他性。一些公共活动场馆设施不向社区居民开放，降低了社会服务资源的使用率。此外，受我国政治经济体制影响，不同城区存在经济差异，社会服务统筹层次较低，形成了碎片化格局。这种不均衡、碎片化的社会服务设施和服务的分布格局显然是不利于社会整合的。

（三）高级住宅区及别墅区

高级住宅区及别墅区的居民服务获取能力很强，无论是政府供给的基本社会服务还是市场提供的收费服务，抑或是社会组织销售的服务，都在他们的可及范围之内，因此这类社区社会服务需求存在的问题为整体社会服务供给与居民需求存在较大差距。即使是市场上收费的服务也难以满足此类社区居民多样化、品质化、个性化的需求，这与前面提到的专业人才缺乏和人们不愿从事社会服务类行业有关。例如很多企业高管或者知名人士会需要私人管家，为他们处理个人事务，他们愿意支付高额薪资，但是要求很高，要会开车、懂财务、会营养搭配、会服装搭配等，要有较高的文化水平和审美情趣。而在我国，受传统观念影响，这方面的人才培养严重滞后，目前全国只有三所本科院校开设了家政学专业，即使是该专业的学生，毕业后从事对口工作的也很少。

总的来看，目前这三类社区的社会服务供给存在以下问题：

（1）社会组织发展不平衡，结构不合理。这种不合理体现为不同层次社区中的社会组织发展不平衡。政府重视社会组织在社会服务中的作用。如高级住宅区及别墅区能够获得政府扶持，得到较多的社会组织提供的服务，并且由于政府购买社会组织的服务，社会组织的服务受到政府和民众的监督，服务质量有保障。但是，不论从数量还是从质量来看，社会组织在城市不同区域，参差不齐，社会组织提供的服务不具有质量和内容的可匹配性。

（2）社区社会服务体系不完善。在我国，社会服务的理论与实践还处于探索中，没有一个明确的概念和界限范围。在我国“大政府小社会”的历史背景下，国家实行“家长式”管理，对国家事务包揽较多，影响了社会力量参与社会服务，因此没有形成一个完善的社会服务体系，致使社会服务供给内容不够丰富，主体不够多样，输送不够畅通，可及性不足，存在不少漏洞。

（3）社会服务机构缺乏规范性。社会服务机构内部管理欠规范，机构在成立及发展运行的过程中，在制度建设、财务管理、人才使用、服务成效以及督导与评估等方面都存在规范化问题，专业化水平不高，老百姓获得感不强，社会服务的专业优势难以体现，导致公众认同不足、社会认知度低，没有建立起社会服务职业信任和社会认同。目前许多社会服务机构涉及范围广、领域宽，专业性不足，管理不够规范，导致社会服务效率低下。政府对社会服务机构干预较多，直接影响机构的发展，难以发挥社会服务机构的优势。虽然政府已积极出台政策鼓励社会组织独立发展，但仍没有改变对社会服务的主导影响。

第四节 建立以社区为依托、以需求为导向的社会服务组合传达机制

城镇化背景下，基于人口流动的居住空间聚类，使我国城市呈现了居民收入差异化、居住空间阶层化的趋势。面对城乡社会服务需求与供给的不协调，政府应该以需求为导向，进行总体的制度设计和社会政策调整，并分类分层、科学配置不同群体对社会服务的需求，以增强社会服务供给的有效性。

一、传统社区：强化政府主导社会服务供给，推进社会服务均等化

推进社会服务的发展是加强社会建设，促进社会和谐，提高居民幸福感和获得感的重要举措。首先，要提高底层群众的社会服务水平，也就是传统社区的社会服务质量；换句话说，就是要保基本，确保底线公平。针对传统社区居民最迫切的生活需求，应由政府主导供给，强化社会服务的福利性，加强基本的社会保障服务、医疗保健服务、社区治安管理服务、特定人群照顾服务的供给，并且要依据居住空间结构的变动，形成动态调整机制，尽可能满足基本服务需求。一方面，政府应加大社会服务方面的财政投入，根据社会经济发展和政府财力增长情况，适当提高社会服务的财政支出比例，着重解决社区因人口流动、居住空间变动所导致的社区服务资源短缺、住房交通拥挤、生态环境破坏、教育医疗资源不足等社会服务供给侧问题。另一方面，要因人因地制宜，合理配置社会服务资源，使社会服务资源的配置适应人口结构、居住空间结构的变动，针对社会服务需求的群体结构、空间结构精准发力，提高财政投入效率。要加大新增居民社区与新建社区的医疗卫生、教育、文化体育、养老、残障服务、基础设施建设等基本保障的投入，实现不同层次社区有差异的社会服务供给，调整社会服务供给结构，实行有形的公共产品供给和无形的社会服务

供给协调发展，提升社区社会服务水平，改善城市社区居民的总体福利。

二、发展中社区：推进社会服务供给主体和方式的多元化

如果说传统社区服务供给的目标是保基本、维护底线公平，那么发展中社区的目标则是实现底线以上有差别的公平。由于居住空间聚类变动和阶层分化，发展中社区居民与现代社区和传统社区居民的需求差异明显，但社区内部群体需求比较一致，主要特点是需求多样化、发展性需求增多。因此，社会服务供给应以居民的有效需求为导向，服务的生产、输送和执行各个环节都要吸纳居民参与，尊重社区居民的意见，以实现有效供给。要充分强化政府、非营利组织、社会服务机构的功能，促进服务供给社会化。加强服务供给方式创新，推广政府购买服务的方式，吸纳市场和非营利组织加入社会服务供给体系，实现供给主体多元化，构建以基层政府、社会组织、社区居民为多元主体的社会服务供给模式，充分挖掘各方资源，组织动员全社会加入社会服务供给行列，充分发挥各社会服务供给主体在不同领域、不同层次供给的优势。从服务供给环节来看，推进服务提供、服务输送、服务执行等各个环节的有效衔接，保证服务顺畅地送达居民手中。从服务供给方式看，要合理布局、合理定价，提高社会服务的可及性。

三、现代社区：发挥市场功能，构建社会服务供需契合的机制

在满足现代社区的社会服务需求方面，市场是最好的供给主体。现代社区居民不存在支付困难，他们需要的是高品质、专业化、个性化服务。市场能提供高效、专业的服务，因此应吸引市场加入社会服务供给，且必须秉持“服务社会，方便民众”的社会服务精神。但是市场毕竟是以盈利为目的的，因此为了减少、避免社区社会服务的低效供给与无效供给，实现社会服务最优供给，需要提前调研，掌握现代社区居民的现实服务需求以及未来服务需求的趋势，建立供需协商洽谈机制，尽可能使社区社会服务供需达到平衡，实现社会服务的最优供给。社会服务供需契合度应该通过公众的满意度、公众的参与率、取

得的社会效益以及社会服务的总量和质量等指标来衡量。一方面，应建立社区居民对社会服务需求的表达和参与的平台。现代社区居民的经济收入和地位均比较高，可以付费享受社会服务。要健全社会服务需求的反馈机制，让社会服务供给与社区居民的多样化社会服务需求高度契合，避免社会服务供给与居民的多样化社会服务需求目标错位、需求结构不对称，推动社会服务均等化，促进社会服务体系建设的民主化、科学化。另一方面，要探索"菜单化"的社会服务供给模式。这需要科学地定位社会服务供需内容，基于群体结构、空间结构，根据居民的选择"按需配送"社会服务资源。坚持以群众需求为导向，整合各种社会服务资源，搭建社会服务供需平台。

四、综合不同层次社区特点，建立政府与社会组织合作供给模式

随着我国城市化进程加速，人口流动愈来愈频繁，相同层次的居民逐渐聚集在一起。不同层次居民的相互隔离在空间上体现为居住空间分异，形成了传统社区、发展中社区、现代社区的结构和碎片化的城市形态，不同层次社区之间的社会服务需求差异较大，而同一层次社区内部的服务需求呈现出一致性的特点。针对不同层次社区居民日益增长的个性化、多向度的社会服务需求，仅仅依靠政府提供服务是不现实的，也无法长久。社会组织作为独立于政府和市场之外的社会共同体之一，成为社会服务的重要力量。社会组织和政府作为社会服务的共生单元，二者共同合作、共生进化可以有效促进民众的社会福利发展。政府向社会组织购买社会服务经许多发达国家实践证实，是一种颇为有效的制度选择。共生型社会服务合作供给是指政府与社会组织在社会服务领域中的关系维度高、资源依赖程度高，各行为主体之间相互协作、优势互补，产生共生性社会服务效益。社会服务供给是一个系统工程，政府不应是社会服务的唯一主体。要实现社会服务社会化、专业化、市场化，应依托社会组织开展社会服务体系建设。政府是社会服务供给侧"掌舵人"，而不是"划桨者"，"划桨"的任务应由社会组织执行。政府掌舵就是要政府负责政策制定、资金支

持、制度安排、质量监督等。政府以购买社会服务的方式，与社会组织在某种程度上是完美的结合。共生性合作供给模式将使政府与社会组织通力合作、互相监督，更好地满足不同层次社区居民的社会服务需求。政府与社会组织是互相依赖、相互制约的共生性合作关系，政府引导社会服务的发展，社会组织负责社会服务的实施，形成对称互惠共生系统，共同配合，为社区居民提供社会服务。

第七章　居住空间聚类进程中社区协同共治体系构建研究

党的十九大报告中提出“打造共建共治共享的社会治理格局”，“加强社区治理体系建设，推动社会治理重心向基层下移，发挥社会组织作用，实现政府治理和社会调节、居民自治良性互动”。随着经济体制改革的深化，单位制社会已顺利完成转型，基层社区承接了原来由企业实施的社会管理与服务功能。国家政府对普通大众的管控开始由直接干涉向间接影响、由僵化管理向柔性服务转变，推行了诸多创新举措，如“项目制”“网络化”等，推动了社区事务办理便捷化、社区治安网格化、社区环境人本化、社区服务专业化的进程。巨大成就光环的背后，不能忽视当前社区治理中有效性不足、社区居民缺乏参与与互动、社区组织与动员力弱等问题。转型社会中社区出现碎片化现象，居民分化明显，而住房变革带来了居住空间的重构。传统社区管理模式的惯性影响与资源整合不足导致了现代社区的治理困难，迫切需要制度调整与治理创新，构建多元协同共治的社区治理体系。

第一节　社区分化与空间重构：社会变迁进程中居住的聚类效应

改革开放以来，我国经济领域确立了市场经济的主体地位，依托单位制与人民公社的城乡总体性社会解体。一方面，“单位”回归市场，不再作为政府的延伸部门完成经济计划任务与职工管控职能，回到“以产品生产与获取利润为主要目的”的轨道上，职工开始依托社区参与社会事务与享受社会服务；另一方面，城乡人口流动的屏障被打破，城市化进程中出现了大量的“村改居”社区，还有众多的农村剩余劳动力涌向城市并在城市定居，城市人口占总人口的比例从1982年的22.73%上升到2017年的58.52%。同时，在经历了国家福利制、单位福利制房产政策改革后，20世纪90年代我国全面推行住房商品化，隔离小区大量出现，居民的居住空间出现重构。经济转型、人口迁移及房产改革，使得人们在居住空间、社会交往、生活方式和社会认同方面呈现出阶层化特征，表现出聚类效应。

聚类又称为“集聚”，最初被运用于计算机网络领域，特指“数据的同类集合”。近年来，管理学、经济学、社会学等领域纷纷将此概念引入城市居住空间分异的研究中，这些研究认为具有相同特质的居民向同一空间范围内聚合并呈现出城市社区阶层化现象，逐步形成“聚合模式”“区隔效应”“居住隔离”等一系列针对性的分析视角。纵观这些研究，有从聚类影响因素切入的（张凡，2012），包括消费选择、制度因素、经济因素等；有从聚类的直观现象描述的（陈燕，2009），分析了房屋的格局与环境、基础与配套设施、居住人群的结构特征等；还有从聚类的机制原理作理论提炼的，提出了单一中心理论、同心圆理论、多元中心理论等模式。研究者普遍认为，中华人民共和国成立前，我国的天津、上海等城市中出现了高级住宅区、棚户区两种非常鲜明的阶层化现象。

计划经济时期的单位制使民众的居住呈现出以职业为特征的聚类效应。改革开放以后，市场经济的发展推动了我国新型房地产物业管理型小区的大量出现，从而使民众被不断地卷入社区阶层化，居住空间成为阶层化的典型特征。

居住空间的聚类在我国已成为不争的事实与现象，主要带来三个方面的效应：一是同一居住空间内的同质性增强，微观层面，受个人对生活品质的追求、家庭收入的状况、文化程度的影响，人们会表现出相同的住房偏好，住在同一空间的群体的房间格局、消费习惯及社会地位等趋同一致，如现代社区内居民有便捷、高端的公共服务体系；二是不同居住空间的异质化明显，由于宏观层面的住房政策改革、城市化进程、经济发展状况，催生了现代社区、中低档住宅区与棚户区等边界清晰的居住空间，而这些不同类型的居住空间表现出了明显的异质化特征，如现代社区房屋质量好、区位优势明显、配套设施齐全，棚户区的住房廉价、环境条件较恶劣等；三是民众居住需求呈现出层次化倾向，将马斯洛需求层次理论投射到人们的居住空间上，呈现出四种需求层次，即房屋面积与层高的功能需求、房屋质量与整体私密性的安全需求、居民素养与文化氛围的文化环境需求、身份象征与社会尊重的尊荣需求（林佳睿，2013）。虽然民众居住需求层次体现为不同居住空间之间的比较，但同一空间的居民会趋同一致。

第二节　路径依赖与资源约束：社区治理架构的客观性现实困境

一、居住空间聚类进程中社区治理的困境

居住空间的聚类是社区分化与空间重构的结果，不存在正向与负向之分，也无积极与消极之别。由社会转型所带来的碎片化现象长期饱受学者批判，给社会管理、社会服务带来了极大的挑战。因此，国家在设计与管理服务体系时

主要是应对碎片化问题。但是，如今人们居住的聚类模式实现了整体性效应，出现了以居住空间形态为单元的组织形态，有传统式街坊社区、单一式单位住宅区、混合式综合社区、演替式边缘社区、新型房地产物业管理型社区及移民区（闫凤英 等，2009），以碎片化为背景设计的社区管理方式已不能完全适应当前居住空间的阶层化现状，社区治理架构存在客观性现实困境。

（一）行政主导型社区管理的效能逐渐弱化

20 世纪七八十年代，伴随着经济危机与福利制国家失效，国家治理模式受到了社群主义的影响，以社区为依托的治理格局逐渐形成，实现了社区服务对象从“普遍性”向“选择性”发展。在这样的背景下，社区治理不再是单纯局限于政府、市场或社会某一方的责任，而是大家共同合作实现集体目标。在我国，社区作为政府的一个基层管理单元而存在。从治理主导角色来看，尽管有武汉小夹社区、深圳莲花北社区代表的居民参与型和企业主导型社区治理模式，但这样的社区放在全国数万个社区居委会中与其称之为特例，倒不如将其视为对现行模式的创新与探索，社区治理仍旧以社区居委会为主体，推行“一委一居一站一会”的行政主导型模式，街道在社区一级设立社区工作站、社区公共服务中心，由社区事务员具体开展社区管理与服务活动。这一治理模式有普遍主义、政治效应、居民被动参与三个显著特征：普遍主义无法应对居住空间聚类效应下出现的分异现象；政府效应无法应对居住空间聚类效应下同一居住区内的地方性问题；居民被动参与无法应对居住空间聚类效应下居民需求的有效表达，弱化了社区工作站、社区公共服务中心的社会管理功能。

（二）多元互动合作治理中内部主体性缺失

居住空间聚类效应下，行政主导型社区管理效能弱化为多元治理主体提供了发展空间，社区内“有意义的事”与“感兴趣的事”将赋予居民社会主体责任，这将成为社区社会组织发展的契机。但现实情况却截然不同，管理缺位制约了发展，枢纽型的社区组织发展滞后，居民参与意识淡薄，社区社会组织参政议政渠道较少（董勖，2015）。具体而言，居民的同质性强，居民面临的社区管理与服务需求接近，把他们组织起来参与社区事务有助于他们的需求的满足，但居民易被人操纵并产生负外部性，进而影响社会稳定性。行政主导型社区的管理主体并不热衷社区社会组织的建设。社区是社会关系的累积，这个社会关系不是哪天人为地把它拼在一起的，而是由历史的长年累积而形成的有机关系；居民的组合也不是人为的拼凑，而是一种共同价值与目标在生活形式上的体现。现行空间聚类中，居民缺乏长时间共同生活的社会关系累积（古学斌，2016），不愿意推动与参与内发动力型社区社会组织的发展；专业力量（如社会工作者）在推动社区发展的过程中能够发挥一定的作用，但缺乏社会关系积累的社会工作服务是在制造一种依赖与被依赖的关系，外部专业力量推动成立的社区社会组织的可持续性存在疑问。

（三）社区治理主体间合作网络重建不足

居住空间的变化让居民原有的社区关系网络被破坏。在新的空间环境中，居民的被认同感或认受性降低。居民间、居民与政府间、居民与社会组织间没有形成互惠关系，信任被破坏，社区治理主体间合作网络重建不足。首先，住房私有化改革切断了工作单位与居住地的紧密联系，居民选择住房主要依据个人偏好、个人选择与个人行为进行（葛天任，2014），社区碎片化现象凸显，居民交往的“连接点”探寻不够。其次，居住空间的分化是国家向社区让权的表现，推动了社区自治。不过，国家主导和控制在城市的基层治理中以“隐蔽和柔性”的状态广泛存在，制度创新不足，行动主体合作的实体空间与虚拟空间受限，出现上下不贯通、左右不衔接等障碍。

二、居住空间聚类进程中社区治理困境的理论成因

一方面，居住空间聚类进程中社区治理主体出现转型情结。居住空间聚类进程是社区治理现代化过程中的表现，是国家治理向社会治理转变的现实情境。我国从 1978 年提出经济改革开放至 1992 年“确立了市场经济的主体地

位”，共历时14年。这一阶段为“有计划的商品经济”时期，学术界也称其为“过渡阶段”。过渡阶段最为明显的特征是：计划调节为主、市场调节为辅；国家经营为主导，民间资本力量较弱且参与空间有限。根据新制度主义的观点，不确定性是助长模仿的一种强大力量。当组织的技术难以理解时，当目标模糊时，或当环境产生象征性的不确定时，组织就会通过模仿来塑造自身。正所谓“很容易预测一个新兴国家行政管理的组织形式，而不需要知道这个国家本身的任何方面，因为周边国家都是趋同的——在行政管理和经济模式上”(张永宏，2007)。我国社会领域改革具有很强的不确定性，必然主动模仿经济改革中已有的成功模式，存在一个长时间的过渡阶段。社会领域的改革需要对居民进行公民意识与志愿精神的培养，所以过渡阶段持续的时间会更长。这一阶段政府治理力量占主导，社会力量参与的格局仍然存在。在这一格局下，无论是带有行政性的社区工作站还是带有社会性的社区组织，抑或是带有个体性的居民个人，在居住空间聚类进程中都将出现转型情结(物质转型在前，意识转型在后)，即社会管理平台倾向于采用行政管理，社会组织倾向于选择社会关系累积下的内生动力型组合，居民个人倾向于对管理平台的依赖而忽视主体参与。

另一方面，制度创新过程中社会资本存量“水平低下”。社会资本一词最早在20世纪70年代由法国社会学家布迪厄(Bourdieu)提出。帕特南(Putnam)将这一概念应用于公民生活与社区关系研究，认为社会资本存量是社区中人们参加、参与社团活动的水平，包含了“网络、信任、参与、合作及互惠”等要素(帕特南，2010)，各要素的资本水平、各要素相互作用的程度都影响社会资本存量的水平。同时，社会资本存量具有层次性、差异性，不同人群的社会资本存量不同，同一个地区的两个不同组织、同一国家的两个不同地区或不同历史阶段的同一组织，社会资本存量也不同。当我们用社会资本存量来表示某一地域范围内人们能力大小的时候，背景变量的选择就尤为重要(谢治菊 等，2011)。在判断居民组织能力与社区参与能力时需要考虑居住空间聚类进程这个背景变量。由于社会资本存量水平低下，政府在推动社区构建协同治理机制创新时遇到了瓶颈。

第三节　制度调整与治理创新：社区协同共治体系构建策略

一、社区协同共治体系构建中的认知制度调整

随着经济的发展和社会的变革，居住空间的聚类进程日益加快，而社区协同共治体系是破解社区治理困局的有效途径。事实上，这一论述已被广为接受，但实践中，体系构建的具体操作环节出现较大的困难，追根溯源是物质转型在前、意识转型在后造成的，即当前的认知制度出现了偏差。按照新制度主义的观点，制度分为规章制度、规范制度与认知制度。认知制度指的是被社会大众普遍认可或接受的规范。无论是群体大众还是居民个人，普遍认为社区治理创新仅仅是在营造一个地理空间。这一认识严重制约了社区协同共治体系的构建，亟须调整认知制度。要厘清社区协同共治体系的认知，需要回答三个问题：社区协同共治体系的依据是什么？协同谁？为了什么？在居住空间聚类进程中，社区协同共治体系是一个新的社会营造，是基于文化的整体性社区营造，是一个新社区的营造过程。因此，要从政策、宣传教育层面构建这种认知体系。

二、构建物联网时代智慧社区的线上联系空间

习惯于新的沟通交流方式的社区新居民，其传统关系被打破，新的关系又缺乏平台重建，所以可以开发并推行智慧社区的线上联系空间。作为社区建设的整体推进方式，智慧社区的线上联系空间不是虚拟化的互联网，也不是纯粹的交流平台，而是更为高级的物联网，即运用现代通信技术，构筑社区政务、社区管理、社区服务、小区及家庭生活等各个方面的信息技术应用平台和通道，并与现实社区系统有机地联系起来，使社区的有关人员在沟通时能有效地

开发、共享和利用社区信息资源。智慧社区的线上联系空间有助于居民增加社会资本存量，推动主体间合作网络的重建。

三、借助专业力量打造“三社联动”的线下实体平台

在居住空间聚类进程中，居民联合和协作缺乏社会关系的基础，需要借助专业力量打造社区协同共治体系。在当前政府治理能力强、社会治理能力弱的情况下，“三社联动”是较为成功的实体平台。“三社联动”实体平台的构建具体需要五个步骤：第一步，引入专职社工。社区引入专职社工的途径有3个：设立社会工作站，由社区招募专职社会工作者；采用购买服务的方式，引入社会工作服务机构；直接向社会工作服务机构购买社会工作者岗位。第二步，由社会工作者培育社会组织。社会工作者进入社区后，经过广泛的调查评估什么是公认的“有意义”的事，然后发现一批对“有意义的事情”感兴趣的人，再对他们进行“团队建设、社区组织”等相关知识培训，选举出组织领袖并成立组织。第三步，实现“两务”分享。将社区现承担的所有社区事务，按照公共事务类与人群服务类进行精简、分类与转化，公共事务类工作由社区服务站（社区工作站）负责，人群服务类工作由社区社会工作者或社区社会组织承接，实现三个主体间的责任分担。第四步，成立“社区事务工作坊”。由社区服务站站长牵头组织，社区社会工作者、社区社会组织的负责人共同参与，定期召开会议，商讨涉及三个主体任务的事项，如遇重大事项可临时召集会议。第五步，开展社区管理与服务活动。依托“三社联动”，选取“人群服务、居民自治、空间设计、社区文化、经济发展”等中的某一个方面作为切入点，开展社区关系的重建，进行整体社区的营造。

从不同的视角出发会得出社区治理困境的不同成因与对策。居住空间聚类属于社会事实。社区居民出现转型情结与社区资本存量水平降低，使得社区治理出现障碍，故需要调整认知制度，打造智慧社区的线上虚拟空间与“三社联动”的线下实体平台，推动社区的整体营造。

第八章　社区居民社会服务满意度及社会服务规范化研究

第一节　问题的提出

一、人口流动、居住空间变动与社区社会服务

改革开放40多年来，中国的城市化进程取得了令世界瞩目的成效。国家统计局公布的《2018年国民经济和社会发展统计公报》数据显示，截至2017年年末，全国大陆总人口为139 538万人，比上年年末增加530万人，其中城镇常住人口为83 137万人，占总人口比重（常住人口城镇化率）为59.58%，比上年年末提高1.06个百分点，该数据是改革开放初期数据（17.92%）的三倍多。随着城市化的快速推进，大量的人口涌入城市，日趋扩大的流动人口规模已经成为中国当代城市化转型的重要标志。另据国家卫建委发布的《中国流动人口发展报告2018》的数据，1982—2017年，中国的流动人口规模扩大了约36倍，从660万人急速增至2.44亿人。人口流动是我国新型城镇化进程中一种复杂的社会现象和经济现象，这已经成为学术界的共识。城镇化的快速推进和流动人口规模的急剧扩大对中国城乡发展产生了重要影响，主要体现在以下两个方面：一方面，人口流动造成了农村社区的“村落空心化、家庭空巢化、人口老龄化、服务空心化”现象。大量的农村剩余劳动力向城市聚集，农村社区常住人口不断减少，造成了农村社区空间形态上的荒芜现象，继而导致了农村社区

人居环境的破坏、土地资源的荒废、社会服务的弱化、基础设施的匮乏等多种“空心化”变异现象，阻碍了农村社会经济的可持续发展。另一方面，在人口流动背景下，城市社区则呈现出“人口集聚化、空间差异化、结构阶层化、服务多元化”的现象。流动人口在城市大量集聚以及沉淀融合，使居住空间结构发生了变化。

居住空间结构的变动是城乡人口流动的重要表现，从居住空间变动的视角来研究流动人口问题已成为城镇化研究的有效路径。流动人口的居住空间转换状况直接关系着他们的工作情绪、身心健康、社会融入程度、生活品质等（廖鸿冰，2016）。流动人口进入流入地后首先面临的是居住空间问题，但居住空间问题实际上较为复杂。一方面，它并不单单是“找个地方住”的问题，它涉及物质条件（住得怎么样）、地理区位（住在哪儿）、交通状况（是否方便）、周围环境（绿化、治安环境等）、配套设施（超市、卫生机构、学校等）和社区文化（邻居素质、社区文体活动等）等。另一方面，人们的居住空间选择正变得日益复杂，“随着住宅商品化改革的日趋深入和人们生活水平的不断提高，城市人口对居住社区有了更为复杂的要求，人们的居住生活进入了‘消费层级化’和‘需求多样化’时期。除了满足基本的居住需求外，人们对居住社区的区位、功能和舒适度等多样化需求在不断提升”（冯帅帅 等，2019）。与之相对应，人们对居住空间的需求变动推动了社区社会服务的供给侧改革。

二、社区社会服务及公众满意度

社区社会服务的概念是在多种既相互联系又各有侧重的基础理论背景下提出的，具体包括福利经济学理论、市场失灵理论、政府失灵理论、公共产品理论、新公共管理理论和新公共服务理论（代明 等，2010）。学术界关于社区社会服务概念的讨论很多，至今未有公认的概念界定，其最核心的分歧集中在学者关于社区社会服务“福利性”和“经营性”问题的争论上。部分学者认为，“福利性”是社区社会服务的根本属性。徐永祥（2002）提出，社区服务（社区社会服务的简称）是整个社会福利制度的重要组成部分，坚持和维护社区服务的福利性与公益性，是中国今后发展社区服务的根本所在。与之相类似，杨团（2001）也强调，应“将具有社会导向的个人服务和私人服务剔除在社区公共服务之外”，并提出了“以社区为单位提供社会公共服务”的观点。但是，也有学者认为，“市场失灵”和“政府失灵”理论充分证明了，对于民众日益多元化的社会服务需求，任何主体都无法单独应对，以政府为绝对主体的社会服务供给模式无法满足民众需求，并且存在较大的“低效率”问题。因此，社区社会服务应兼具“福利性”和“经营性”特征，“打破传统的社会福利无偿服务格局”，以产业化方式来经营社区，提高服务质量及效益。唐忠新（1999）提出，鉴于我国现阶段的经济发展水平，社区社会服务应强调福利性服务和经营性服务有机结合，采用无偿服务、低偿服务和有偿服务相结合的方式来解决社会服务的难题。

我们认为，上述两种观点实际上并不存在本质区别，“福利性”是社区社会服务的本质特征。这一点毋庸置疑，即便是持第二种观点的学者也不会否认这一点。只不过他们是从供给主体的角度出发思考问题，想借助社会力量来缓和政府作为唯一主体的供给压力，并以此解决效率问题。因此，无论何种观点，社会服务是“公共产品”（具有典型的非竞争性和非排他性特征）还是得到了学者的一致认可。我们对该概念做了如下界定，社区社会服务即“以社区为单位的，各种集体性消费单位为社区及其成员（包括社区内的各类组织、企业、家庭和个人）提供的各项具备非竞争性和非排他性特征的社会服务。其中，集体性消费单位（社区公共服务提供者）既可以是具备公共性质的政府部门，也可以是具备利益性质的非政府组织、企业等”（冯帅帅 等，2019）。

公众社会服务满意度是居民对社区社会服务的最直观感受，是衡量社区社会服务好坏的有效测量指标，也是社会服务供给侧改革的重要参考指数。蔡立辉（2003）提出，要“根据公众的需要提供公共服务与公共产品，并根据公众对公共服务与公共产品的满足程度来评估政府管理绩效，从而确定政府管理对公众负责、提高服务质量的公共责任机制与运行机制，这是政府绩效评估的宗旨”。具体来说，社区社会服务满意度指居民在体验社区社会服务供给的过程中，由于公众的需求得到满足、公众的期望与实际感受相一致，从而产生的一种肯定、愉悦和满足的积极心态。它是对社会服务效用的一种度量。总之，如果公众所享受的社会服务达不到其预期，公众就会产生不满情绪；如果公众所享受的社会服务基本符合其预期，公众就会满意；而如果公众得到的社会服务超出其预期，公众就会持有非常满意的态度。

那么，哪些因素会对社区居民的社会服务满意度产生影响呢？学术界有大量关于公众社会服务满意度影响因素的研究。如李洪涛（2005）在文献阅读的基础上总结出社区满意度的三项影响因素，分别是社区层面的公共设施建设状况、个人层面的人口学特征变量（包括年龄、性别、教育、居住时间、收入和职业地位等）和宏观层面的社会层次变量（包括社区的人际关系、社区参与、社区自豪感等）。相对而言，赵东霞（2010）的研究则更为系统，其构建了一套完整的包含意识因素（社区居民是否拥有对本社区的主人翁意识）、内部因素（生活性需求、居民参与和居民感知）和外部因素（制度建设、服务绩效和资源支持）在内的居民的社会服务满意度影响因素解释框架，并采用量化的方法验证了其基于理论模型架构而提出的理论假设。其研究结论如下：第一，居民的期望对居民的社会服务满意度有显著的负向影响；第二，居民的生活性需求与居民的感知对居民的社会服务满意度产生显著的正向影响；第三，社区意识和居民参与对居民的社会服务满意度的影响不显著；第四，外部因素，包括制度建设、服务质量与资源支持对居民的社会服务满意度有显著的正向影响。

我们将借助课题组收集的相关数据资料，对我国社区社会服务供给的现状和居民社会服务满意度现状及其影响因素进行量化统计与建模，基于数据分析结果来总结当前我国在社区社会服务供给过程中出现的问题并提出相应的对策建议，助力我国社会服务规范化建设。

第二节 研究设计：数据与方法

一、数据基本情况说明

问卷调查法是社会学研究重要的资料收集方法之一。相较于其他方法，问卷调查法具备操作方便、成本低廉、容易量化、结果易分析等优势。为了获得第一手研究资料，课题组设计问卷“流动人口居住空间变动与社会服务体系状况”，进行了相关社会调查。本调查严格按照“专家咨询—问卷设计—试调查—发现问题—问卷修改—正式调查—数据录入—数据清理—数据分析”的过程进行，以保证问卷的信度和效度。课题组成员先后赴湖南郴州、湖南张家界、上海、深圳、江西萍乡等地开展问卷调查，前后共计发放问卷 500 份，回收问卷 424 份，回收问卷率为 84.8%；剔除无效问卷后共计筛选出有效问卷 411 份，有效率为 82.2%。

问卷收集基本情况如下：数据分析显示，本次调查中被访者女性人数比例为 55.7%；婚姻状况方面，多数被访者为已婚人士，比例高达 74.0%，未婚、离婚和丧偶的被访者比例为 26.0%；年龄层次分布上，20~40 岁年龄段被访者占比最高，为 74.2%，40~60 岁年龄层次被访者占比次之，为 20.0%，20 岁以下和 60 岁以上被访者比例最低，二者总共占比 5.8%；文化程度方面，被访者不同文化程度占比排名分别为大专、本科、高中或中专、初中、硕士及以上、小学、不识字；工作状况方面，28.7% 的被访者为公务员、国有企业员工、事业单位员工等，58.6% 为私营企业员工、自主经营者等，余下 12.7% 的被访者则为目前没有工作状态；从个人月收入来看，近一半（48.1%）的被访者表示每月平均收入在 3 000 元以上，25.9% 的被访者月收入为 2 000~2 999 元，20.5% 的被访者月平均收入为 1 000~1 999 元，余下 5.5.% 的被访者月收入在 999 元以下；社区居住类型分布上，有超过六成的被访者表示居住的社区为传统社区，约三成的被访者居住在发展中社区，仅有一成居住在现代社区；现有住房类型分布上，55.7% 的被访者表示现有住房为购买的商品住房，而余下 44.3% 的被访者以租住的方式生活在所居住的社区；最后，在社区居住年限方面，约一半（49.2%）的被访者表示已在所居住的社区居住了 5 年以上，居住时间为 1~5 年的被访者占比 39.4%，居住年限 1 年以下的被访者占比为 11.4%。

二、数据分析方法

本研究主要采用的数据分析方法为列联分析和 OLS 多元线性回归分析。其中，前者主要用于描述社区居民公共服务满意度的基本现状，后者则主要用来检验和预测影响居民社会服务满意度的因素。OLS 多元线性回归是一种基于最小二乘法探寻因果性的统计建模类型，它通过最小化误差的平方和寻找数据的最佳函数匹配。OLS 多元线性回归是社会科学研究领域探究因果关系时使用得最多的模型之一。OLS 多元线性回归模型的结构形式为：

$$Y_a = \beta_0 + \beta_1 X_{1a} + \beta_2 X_{2a} + \cdots + \beta_k X_{ka} + \xi_a \tag{8-1}$$

式中，$\beta_0, \beta_1, \cdots, \beta_k$ 为待定参数；ξ_a 为随机变量；Y_a 为因变量；$X_{1a}, \cdots, X_{ka}$ 为自变量。

第三节　特征描述：社区居民社会服务满意度现状分析

课题组通过问卷调查的方式就当前我国社区社会服务供给和社区居民社会服务满意度状况进行了数据收集，主要内容包括社区居民的社会服务满意度、社区居民的社会服务不满意状况、社区社会服务基础设施建设现状和社区居民社会服务供给与需求。

一、社区居民的社会服务满意度分析

社区居民的感受是衡量一个社区社会服务供给最直观的标准之一。一般认为，社区的社会服务体系越完善，越能满足居民所需，则该社区居民对社会服

务的满意程度越高。表 8-1 展示的是四个调研地区的社区居民的社会服务满意度状况。

表 8–1　社区居民的社会服务满意度状况

满意程度	湖南	广东	江西	上海	综合
非常满意	10.4%	11.3%	0	7.8%	9.2%
比较满意	47.5%	73.6%	30.0%	36.7%	47.9%
不太满意	33.4%	11.3%	50.0%	37.8%	32.1%
很不满意	5.6%	0	10.0%	3.3%	4.6%
不关心	3.2%	3.8%	10.0%	14.4%	6.2%

由表 8-1 可知，首先，总体来看，接近六成（57.1%）的被调查者对所居住社区的社会服务持满意态度，其中，对所居住社区社会服务持非常满意态度的被访者比例为 9.2%，比较满意的为 47.9%；被访者中对所居住社区公共服务持不太满意和很不满意的比例分别为 32.1% 和 4.6%；余下 6.2% 的被访者表示对社区社会服务的供给持“不关心”的态度。其次，就地区差异而言，广东的被访者对所居住社区的社会服务持满意态度的比例最高，超过八成（84.9%）的人表示“非常满意”或“比较满意”，而江西的被访者中则只有 30.0% 的人对所居住社区的社会服务持“比较满意”的态度，并且没有一个人表示“非常满意”。余下两个地区中，湖南的满意度比例（57.9%）高于上海的（44.5%）。最后，就关心度而言，上海的被访者对社区社会服务的供给状况持“不关心”态度的比例最高（14.4%），江西（10.0%）次之，广东（3.8%）和湖南（3.2%）的比例相对较低。

二、社区居民的社会服务不满意状况分析

当社区的社会服务供给不能满足相应需求或者存在问题时，居民往往会产生负面感受。为了了解社区在社会服务供给过程中存在的种种问题，课题组专门设计了问卷来收集社区的社会服务供给中存在的种种问题。表 8-2 展示的是

四个调研地区的被调查者对社区社会服务的不满意类型的情况。

表8–2　对社会服务的不满意类型的情况

不满意类型	湖南	广东	江西	上海	综合
项目不实用	45.3%	43.4%	35.0%	20.0%	41.8%
服务质量差	42.1%	22.6%	40.0%	61.1%	36.7%
收费高及乱收费	8.4%	32.1%	25.0%	17.8%	14.1%
不关心或拒绝回答	4.2%	1.9%	0	1.1%	7.3%

由表8-2可知，首先，总体来看，“项目不实用”是社区在社会服务供给过程中存在的最大问题，其余依次为“服务质量差”和“收费高及乱收费”问题；约四成（41.8%）的被访者认为其所居住社区的社会服务供给存在“项目不实用”的问题；36.7%的被访者认为服务质量差是最大问题；14.1%的人则将收费高及乱收费视为最大问题；余下7.3%的被访者对社区社会服务存在的问题持“拒绝回答”和“不关心”态度。其次，就地区差异来看，认为“项目不实用”和“服务质量差”的被访者占了湖南全部被访者的87.4%，只有不到一成的湖南被访者将“收费高及乱收费”视作最大问题；与湖南不同，在选择比例上，广东被访者认为是最大问题的依次为“项目不实用”（43.4%）、“收费高及乱收费”（32.1%）和“服务质量差”（22.6%）；而江西被访者的情况与上述两地区均不相同，该区域被访者中有40.0%的人将“服务质量差”视作社区在提供社会服务过程中的最大问题，其次为“项目不实用”和“收费高及乱收费”；而在上海被访者的回答中，“服务质量差”为最大的问题，超六成的被访者将目光聚焦在此问题上。最后，就关心度而言，湖南被访者对社区社会服务供给过程中存在的问题持“不关心”和“拒绝回答”态度的比例最高（4.2%），广东（1.9%）和上海（1.1%）次之，江西“拒绝回答”和“不关心”的被访者为0。

三、社区社会服务基础设施建设现状分析

社区社会服务基础设施建设的完善与否是衡量社区社会服务体系是否完

备的核心指标之一。作为社区居民生活的公共场所，健身设施、文体活动中心、健康养护中心等是居民社会互动的主要“物质空间”。高鉴国（2006）指出，社会服务基础设施是满足居民日常生活、社会交往、健康养护等需求的重要载体，也是增强社区居民社区认同感和归属感的重要媒介。为了了解调研地区基础设施建设的相关信息，课题组共列举了12项常见的社区服务基础设施供被调查者选择。表8-3是四个地区的被调查者认为的本社区所拥有的社会服务基础设施建设状况。

表8–3　社会服务基础设施建设状况

设施名称	湖南	广东	江西	上海	综合
1. 社区服务中心	64.7%	54.7%	35.0%	36.7%	55.2%
2. 医疗康复设施	19.0%	56.6%	25.0%	36.7%	27.5%
3. 文体设施	25.3%	69.8%	80.0%	44.4%	37.1%
4. 便民服务网点	22.6%	18.9%	55.0%	25.6%	24.5%
5. 环卫设施	24.0%	9.4%	5.0%	10.0%	17.3%
6. 停车场	24.6%	28.3%	15.0%	24.4%	24.5%
7. 社区养老中心	2.2%	11.3%	0	24.4%	8.2%
8. 残疾人托养所	0.5%	3.8%	5.0%	5.6%	2.2%
9. 青少年活动中心	6.4%	11.3%	0	3.3%	5.9%
10. 托幼服务设施	10.0%	28.3%	0	10.0%	11.6%
11. 社会工作站	6.6%	50.9%	0	11.1%	12.9%
12. 家政服务中心	6.5%	5.7%	0	10.0%	8.2%

注：本题为多选题，比例数为被选频数除以总数，故比例总和超过100%。

由表8-3可知，首先，就整体情况而言，社区服务中心是所列的12项基础设施中建设比率最高的设施（55.2%），其余依次为文体设施（37.1%）、医疗康复设施（27.5%）、便民服务网点（24.5%）、停车场（24.5%）、环卫设施（17.3%）、社会工作站（12.9%）、托幼服务设施（11.6%）、社区养老中心（8.2%）、家政服务中心（8.2%）和青少年活动中心（5.9%），残疾人托养所（2.2%）的建设比率最低。

其次，从地区角度来说，湖南社会服务基础设施中建设比率排名前三的是社区服务中心（64.7%）、文体设施（25.3%）和停车场（24.6%），而残疾人托养所（0.5%）、社区养老中心（2.2%）和青少年活动中心（6.4%）是建设比率最低的三项设施；广东建设比率最高的三项基础设施为文体设施（69.8%）、医疗康复设施（56.6%）和社区服务中心（54.7%），最低的三项为残疾人托养所（3.8%）、家政服务中心（5.7%）和环卫设施（9.4%）；江西的情况与广东略有不同，该地区建设比率最高的三项设施为文体设施（80.0%）、便民服务网点（55.0%）和社区服务中心（35.0%），而社区养老中心、青少年活动中心、托幼服务设施、社会工作站和家政服务中心五项设施的建设比率均为0；上海的基础设施建设比率最高的三项是文体设施（44.4%）、社区服务中心（36.7%）和医疗康复中心（36.7%），青少年活动中心和残疾人托养所两项为建设比率低于10%的基础设施。

最后，需要特别指出的是，本研究是基于问卷询问的方式来把握被访者所居住社区的基础设施建设状况，得到的是“主观感受”信息，因而社区公共服务基础设施建设的客观情况可能跟社区居民的主观感受存在不一致甚至相反的地方。如环卫设施的建设，由数据可知，社区环卫设施的建设比率只有17.3%，但是我们知道每一个社区肯定都有一定的环卫配套设施，如垃圾回收处。实际上，居民对社会服务基础设施的主观感知与两项因素有关：一是社区的宣传情况，比如我们在调研过程中发现，很多社区其实配套了完备的社会服务基础设施，但由于宣传不到位，居民实际上并未感受到相关设施的“存在”；二是居民的关注偏好是影响居民感知基础设施的另一重要因素，很多居民只会关注与其自身需求相匹配的设施，而对于环卫设施这些习以为常的设施并不关注；三是该问题还与样本误差有关，如数据显示江西的社区养老中心、青少年活动中心、托幼服务设施、社会工作站和家政服务中心五项设施的建设比率皆为0，这可能与江西的样本量小有关。

四、社区居民社会服务供给与需求分析

一直以来，社区社会服务的供需问题是学术界关注的重点（张琳娜 等，2007；蓝国彬 等，2010；冯帅帅 等，2019）。有学者指出，在当前我国政府主导的社会服务供给模式下，社会服务的供需失衡问题日益凸显，主要有两个原因："一方面，在社区公共服务中，政府既承担着领导者的角色，同时还担当执行者的角色，从而无法对自身公共服务的政策制定及实施进行全面客观的评价，导致社区公共服务效率低下，无法做到从居民需求角度出发来提供有效的社区公共服务；另一方面，居民对于社区公共服务的需求无法通过有效的方式反馈给公共服务提供者，导致供需无法准确对接"（李娇娇，2013）。那么，当前我国的社区社会服务供给与需求是何现状呢？为了探究社区公共服务需求与供给的关系，课题组共列举了9种常见的社区公共服务类型供被调查者选择。表8-4是全部被调查者认为其所处社区的社区社会服务供给与需求状况。

表8–4　社区社会服务项目供给与需求状况

服务项目	服务供给	排名	服务需求	排名
1. 社区物业管理服务	53.3%	1	29.2%	2
2. 家政服务	27.5%	4	25.5%	5
3. 医疗保健服务	34.8%	3	50.2%	1
4. 社区保安服务	40.3%	2	25.0%	6
5. 老年人等特殊群体服务	7.8%	7	25.7%	4
6. 法律服务	9.3%	5	26.5%	3
7. 交通安全服务	6.8%	9	11.9%	9
8. 社区矫正服务	3.8%	10	8.2%	10
9. 政策咨询服务	7.3%	8	18.1%	7
10. 职业指导服务	8.5%	6	13.5%	8

注：本题为多选题，比例数为被选频数除以总数，故比例总计数超过100%。

由表8-4中数据可知：首先，从社区社会服务供给的总体状况来看，社区

物业管理服务、社区保安服务和医疗保健服务是供给率最高的三项社区社会服务，供给率分别为53.3%、40.3%和34.8%，供给率均超过30%。从类型上来看，该三种服务均属于基础保障性社区服务，即一般社区中常见的物业管理、保安和卫生设施。但像老年人等特殊群体服务、法律服务、政策咨询服务和职业指导服务等发展性、提升性社区社会服务的供给率较低，还不到10%，尤其是社区矫正服务的供给，仅为3.8%。我们认为这可能与社区矫正的特征紧密相关。社区矫正是一种不使罪犯与社会隔离并利用社区资源改造罪犯的方法，是在社区环境中管理教育罪犯的方式的总称（康树华，2003）。简单来说，社区矫正就是组织服刑人员参与到社会服务和社区建设过程中，以提升服刑人员的社会责任感。从实际情况来看，社会矫正服务在我国发展得还很不完善，只有很少一部分社区提供了该项服务。访谈中我们也发现，大部分被访者根本不了解该项社区社会服务，就算解释清楚后大部分人也持反对态度，认为可能会对社区居民的人身及财产安全产生影响。

其次，从社区社会服务需求的总体状况来看，医疗保健服务（50.2%）、社区物业管理服务（29.2%）、法律服务（26.5%）是需求排名前三的社区社会服务。其中至少有两个需要关注的地方。第一，居民对医疗保健服务的需求率已经惊人地超过了50%，远超其他各项服务。这表明，随着居民物质生活的日趋改善，居民对医疗保健服务的需求也在显著提升。第二，我们知道，社区是沟通居民个体与社会的重要桥梁，也是我国政府法制宣传工作的核心场域。近年来，随着我国“普法”工作的扎实推进，越来越多的基层老百姓开始意识到自己的权利和义务。当具有维权需求时，越来越多的人会寻求法律的帮助，借法律之手维护自身的合法权益，因此居民对社区法律服务的需求也日趋增加。而其余的社区社会服务需求排名依次为老年人等特殊群体服务（25.7%）、家政服务（25.5%）、社区保安服务（25.0%）、政策咨询服务（18.1%）、职业指导服务（13.5%）、交通安全服务（11.9%）和社区矫正服务（8.2%）。

最后，从不同社会服务类型的需求和供给排名位序的对比来看，存在位序不一致的供给有8项，即社区物业管理服务（供需位序差[①]为 –1）、家政服务（供需位序差为 –1）、医疗保健服务（供需位序差为 +2）、社区保安服务（供需位序差为 –4）、老年人等特殊群体服务（供需位序差为 +3）、法律服务（供需位序差为 +2）、政策咨询服务（供需位序差为 +1）和职业指导服务（供需位序差为 –2）。从需求导向的角度出发，老年人等特殊群体服务是供给方面亟须调整的服务类型。老年人等特殊群体服务主要指社区为老年人、残疾人和儿童等提供的养老、照护和托幼等服务（马贵侠 等，2012；江燕娟，2014；刘丽英 等，2015）。结合当前中国现实，我们认为，致力于“一老一小”和“一残”问题的解决是未来社区社会服务供给侧改革的绝对重点。

第四节　数据建模：社区居民社会服务满意度影响因素分析

一、变量测量及基本信息统计

（一）因变量

本研究的因变量为社区居民对社会服务的满意度，测量问题为“您对所在社区提供的社会服务状况满意吗？”下设“非常满意”“比较满意”“不太满意”“很不满意”和“不关心”五个选项。出于明晰概念和思维惯性的考虑，本研究在将该变量纳入模型前做了以下处理：第一，将“不关心”当作缺失值处理；第二，将“非常满意”“比较满意”“不太满意”和“很不满意”进行逆向编码，分别赋分4分、3分、2分和1分，分值越高，满意度越高。

① 供需位序差＝供给位序－需求位序。供需位序差为正代表供给排名高而需求排名低，反之，供需位序差为负代表供给排名低而需求排名高。

（二）自变量

本书在控制相关人口学变量的基础上，从社区经验、行为意愿和地方评价三个维度构建社区居民的社会服务满意度影响因素框架。下面对本研究所涉及的核心自变量——社区经验、地方评价和行为意愿进行具体操作。

第一，社区经验变量。本书将社区经验分解为被访者的居住社区类型和社区住房类型两个变量。前者的测量问题为“您现在入住的社区类型是什么？”下设“传统社区”“发展中社区”“现代社区”三个选项，分别赋值1分、2分、3分。后者的测量问题为“您现在的住房类型是什么？”下设“租房”和“买房”两项，分别赋值1分和2分。第二，地方评价变量。本书将地方评价分解为地方歧视和城市总体评价两个变量。前者的测量问题为：您觉得本地人歧视外地人的情况如何？下设“很少歧视”“偶尔歧视”“经常歧视”三个选项，分别赋值1分、2分、3分，分值越高歧视程度越高。后者的测量问题为：您对所在城市的总体评价怎么样？下设“差”“一般”和“好”三项，分别赋值1分、2分、3分。第三，行为意愿变量。本书将行为意愿分解为组织参与意愿和服务寻求意愿两个变量。前者的测量问题为：您愿意参加流动人口自我管理组织吗？下设“不愿意”“无所谓”“愿意”三个选项，分别赋值1分、2分、3分，分值越高，表明参与的意愿越强。后者的测量问题为：您平时主动寻求相关社区服务吗？下设“很少”“有时”和“经常”三项，分别赋值1分、2分、3分。需要指出的是，因为问卷设计时很多问题是逆向计分的，即分值越低，意愿反而越强，因此为了更符合逻辑惯性，本书对相关问题全部做了重新计分处理。

本书还控制了一些常用的社会人口学变量，包括性别、年龄、婚姻状况、教育程度等，与解释变量一并纳入回归模型之中。考虑到年龄与社区居民的社会服务满意度可能存在的U形关系，模型同样纳入了年龄平方项。

模型所涉变量基本情况如表8-5所示。

表 8–5 研究变量统计描述

变量		样本数	均值	标准差
社区社会服务满意度		441	2.57	0.721
人口学特征	性别	441	1.58	0.494
	年龄	441	34.83	6.581
	婚姻状况	441	1.77	0.423
	教育程度	441	2.06	1.033
社区经验	居住社区类型	441	0.75	0.486
	社区住房类型	441	1.65	0.479
地方评价	地方歧视	441	1.62	0.647
	城市总体评价	441	1.75	0.544
行为意愿	组织参与意愿	441	2.25	0.653
	服务寻求意愿	441	1.68	0.746

图 8-1 是本书构建的社区居民社会服务满意度影响因素分析框架。

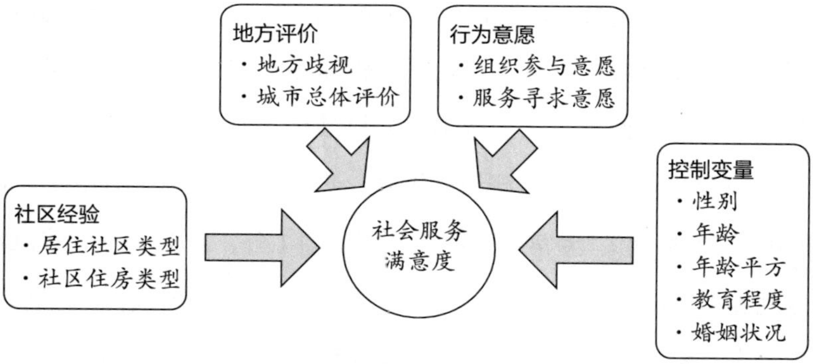

图 8–1 社区居民社会服务满意度影响因素分析框架

二、社区居民社会服务满意度 OLS 多元线性回归分析

我们以社区居民的社会服务满意度作为模型因变量，使用 OLS 多元线性回归模型，采用逐步纳入的方法，在解释变量中分别引入社区经验、地方评价和行为意愿三项核心解释变量，以及可能对社区居民社会服务满意度产生影响的年龄、性别、教育程度、婚姻状况等社会人口学控制变量，以考察不同自变

量下模型解释总变差的能力变化（模型解释力）。回归分析结果如表 8-6 所示。回归分析结果显示，从模型 1 到模型 4，调整 R^2 值从 0.079 上升到 0.237，模型解释力显著提升，这表明我们选择的核心解释变量具备一定的有效性。

表 8–6　回归分析结果

变量	模型 1	模型 2	模型 3	模型 4
社区经验变量				
居住社区类型	0.387***	0.373***	0.294**	0.302**
	（0.098）	（0.094）	（0.091）	（0.093）
社区住房类型	0.110	0.029	0.091	0.120
	（0.099）	（0.098）	（0.018）	（0.120）
地方评价变量				
地方歧视		−0.225**	−0.193**	−0.204**
		（0.077）	（0.076）	（0.077）
城市总体评价		0.156*	0.076	0.099
		（0.026）	（0.088）	（0.089）
行为意愿变量				
组织参与意愿			0.048	0.019
			（0.070）	（0.073）
服务寻求意愿			0.293***	0.281***
			（0.061）	（0.062）
控制变量				
年龄				−0.082*
				（0.042）
年龄平方				0.001*
				（0.001）
女性[a]				0.134
				（0.094）

续表

变量	模型 1	模型 2	模型 3	模型 4
已婚[b]				−0.081
				（0.150）
初中[c]				0.187
				（0.280）
高中或中专[c]				−0.204
				（0.257）
大专或本科[c]				−0.142*
				（0.247）
研究生及以上[c]				−0.064
				（0.318）
常数	3.259***	4.001***	2.927***	4.468***
	（0.295）	（0.338）	（0.414）	（0.841）
样本量	411	411	411	411
F 值	9.275***	9.363***	10.878***	5.855***
调整 R^2	0.079	0.148	0.213	0.237

注：1.* 代表 $p<0.1$，** 代表 $p<0.05$，*** 代表 $p<0.01$。

2. 括号中的数字为系数标准误。

3.a 的参照组为男性，b 的参照组为单身，c 的参照组为小学及以下。

有学者研究指出，城镇化的快速推进、住房市场化的影响和居民收入差距的拉大促进了居住空间结构的变动，推动了社会结构调整，形成了不同阶层、不同收入的人群居住在不同的区域的现象，也形成了差异化的社会服务供给机制。居住空间变动已经成为影响社会服务资源优化配置的重要因素。不同类型的居住空间相继出现，现代社区、发展中社区、传统社区等已形成区隔，富人社区、中产阶级社区和贫民社区开始成片集中出现。这就意味着，不同层次社区所提供的社会服务也存在着较大的差异。相应地，我们有足够的理由认为，居民的居住社区类型（现代社区、发展中社区或传统社区）及其社区住房类型

（自有产权房或租住房）可能会对居民的社会服务满意度产生影响。模型 1 的分析结果部分证明了我们的推测。模型 1 的数据显示，居民的居住社区类型对其社会服务满意度存在着非常显著的正向影响（$p<0.001$），社区层次越高的个体，其社区社会服务满意度相应也越高。社区住房类型变量对社区居民的社会服务满意度也具有正向影响，即相对于租住者，自有产权住房者的满意度更高，但该结论并不显著，因此不具备统计学上的推论意义。

模型 2 在引入地方评价（地方歧视和城市总体评价）变量后，模型的解释力（调整 R^2）得到显著提升。李洪涛（2005）的研究发现，居民的社区归属感和社区满意度存在非常显著的正向关系。该研究结论对我们选取变量有着较大的借鉴意义。本章是在社会流动背景下开展的一项科学研究，对流动人口的关注是我们研究的出发点，因此我们的调查对象主要是流动人口。而我们知道，流动人口在经历了从流出地到流入地的地理迁移之后，流入地的社会歧视状况将极大地影响流动人口的融入和归属感。模型 2 显示，地方歧视变量对个体的社会服务满意度存在非常显著的负向影响（$p<0.001$），即地方歧视程度越高，个体的社会服务满意度相应就越低。城市总体评价变量的回归结果同样支持了我们的假设，即城市总体评价与居民的社区社会服务满意度之间存在显著的正相关关系（$p<0.01$），即居民对城市总体评价越积极，其社会服务满意度越高。

如果将前两个模型中的解释变量当作外部客观性变量来理解，那么模型 3 所引入的解释变量则更侧重居民个体的内在特征。赵东霞（2010）在其博士论文《城市社区居民满意度模型与评价指标体系研究》中，将社区居民满意度的内部影响因素具体分为居民生活性需要、居民感知、居民参与和居民期望四项，并且其数据分析结果显著支持了其提出的该四项因素与社区居民满意度之间的或正或负的关系。受限于数据本身，本研究只能将内部影响因素分为个体的组织参与意愿和服务寻求意愿两项。纳入该两项变量后，回归模型的解释力得到进一步提升，调整 R^2 从 0.148 上升至 0.213。分析结果显示，两项因素都对居民的社会服务满意度产生了正向影响，即个体的组织参与意愿越强，服务寻求意愿越强，其满意度也就越高，其中，服务寻求意愿的影响是非常显著的（$p<0.001$），可以从样本推论总体，而组织参与意愿的影响并不显著，不具有推论意义。

上述分析结果显示，本研究选取的包含社区经验、地方评价和行为意愿三因素在内的解释模型对居民的社区社会服务满意度有较强的解释力，并且，随着变量的逐步纳入，模型的调整 R^2 也在不断提升。这表明这些因素都对居民的社区社会服务满意度产生了较大影响。该结果也从侧面表明我们构建的社区居民社会服务满意度影响因素分析框架具有一定的解释力和稳健性。

最后，模型 4 中我们继续将选取的可能对居民社区社会服务满意度产生影响的社会人口学变量纳入模型中，模型的调整 R^2 进一步上升到 0.237。在这些人口学控制变量中，年龄和年龄平方在 1% 的水平上显著（居民社区社会服务满意度与年龄呈负相关关系，而与年龄平方则呈正相关关系）；大专或本科教育层次个体的社会服务满意度要显著低于小学及以下教育层次个体的社会服务满意度（$p<0.05$）。

第五节　社区社会服务规范化：问题及建议

在上述数据分析的基础上，课题组总结了我们认为的当前我国社区社会服务在供给过程中存在的问题，并为社会服务供给的规范化提出了相关建议。

一、问题

我们的研究发现，社区在社会服务供给过程中仍旧存在如下问题：

（1）社区社会服务基础设施建设不健全。社会服务基础设施是社区开展社会服务的物质载体，也是社区居民互动的主要场域。健全的基础设施建设直接关系到城市的发展和居民的生活质量。据上文数据分析结果，当前我国社区社会服务基础设施建设仍旧存在较大问题。一方面，在全部 12 项基础设施中有

11 项设施的建设比率低于 40%，只有社区服务中心的建设比率超过 50%，整体的基础设施建设比率较低；另一方面，建设率排名前五的设施分别为社区服务中心、文体设施、医疗康复设施、便民服务网点和停车场，大部分都属于基础性设施。像社区养老中心、青少年活动中心、残疾人托养所、托幼服务设施的建设比率却只有 10% 左右，也就是说，当前老百姓急需解决的养老、托幼、残疾人养护等核心问题无法得到有效解决。团队在调研时还发现，社区基础设施建设还存在管理不善的问题，有些社区虽然建有老年活动中心、羽毛球场和篮球场等文体场所，但很多文体活动设备太过陈旧，无法使用，甚至有些社区的篮球场几乎成了社区的停车场和垃圾场。

（2）社区社会服务项目供需不匹配。团队成员曾在其他的研究中提出："社区公共服务的主要矛盾已经转化为居民日益增长的多元社会服务需求和不平衡不充分的社会服务供给之间的矛盾。进入新时代，居民的居住需求日益多元，不仅对基础层次日常生活服务提出了更高要求，而且生活环境、医疗卫生、特殊群体养护服务等方面的要求也日益提高"（冯帅帅 等，2019）。如表 8-4 所示，在我们列举的全部 10 项社区社会服务项目中，存在供需位序差（供给排名和需求排名不相一致）的有 8 项，像老年人等特殊群体服务、法律服务、医疗保健服务、家政服务和政策咨询服务等对老百姓而言最急需的服务类型均存在供给排名低但需求排名高的状况。也就是说，社区在这些社会服务项目上的供给远低于居民所需，尤其是老年人等特殊群体服务，该项目在居民的社区社会服务需求的排名中高居第四，但在供给排序的名次中仅列第七。因此，社区的公共服务供给要紧扣居民的实际需求，这样才有利于提升社区公共服务的效率和效益。

（3）社区社会服务宣传工作不到位。社会服务的宣传是一个常常被社会服务供给者忽视的问题，尤其是在以政府为核心主体的供给体系中。这就容易造成社区本来有相关设施和服务项目却不为社区居民所知的状况，造成"观念上的不存在"。这种情况会造成两种结果，一是可能某社区建有某种设施或者提供了某类公共服务，但是居民未曾感受到；二是社区提供的公共服务与居民所需不相匹配，导致服务供给的效率低下，甚至无效和浪费。如我们在湖南长沙某个社区调研时发现，该社区其实建有医疗康复设施和老年人活动中心，但就相关问题问及社区居民时，大部分人回答的却是“没有”或者“不知道”。另外，课题组收集的另一项数据也可以对该观点予以支持。我们在调查问卷中设计了被访者关于社区社会服务的了解及享受状况的问题，分析结果显示，只有不到两成（18.0%）的被访者明确表示“了解并享受过”相关服务，竟然有接近一半（49.4%）的人表示“完全不了解”。这些数据都表明，当前我国的社区在社会服务供给中确实存在宣传不到位的情况。

二、建议

（一）完善社会服务供需沟通渠道

社会服务供给方和需求方之间的沟通问题是造成社区基础设施建设不完善和公共服务供给与需求之间错位的主要原因。这种沟通问题主要表现在两个方面：一是供给方的宣传工作不到位；二是供需双方之间的沟通渠道不畅通。我们认为应该从以下三个方面着手推进社会服务的规范化建设：其一，重视宣传在社区社会服务供给中的作用。一方面，可以积极利用微博、微信公众号、社区业主微信群、QQ 群等新媒体信息平台对社区的社会服务信息进行传播和解读；另一方面，充分运用社区的传统宣传载体如告示板、条幅等进行社会服务信息共享，共享信息内容包括社会服务政策的解读、社区新基础设施的建设、新型社会服务的供给、社会服务相关福利性活动的举行等。其二，拓宽居民社会服务需求的表达渠道。如充分发挥社区居委会、业主委员会等组织的民意表达作用，又如采用定期走访的方式，聆听居民的看法和需求建议。有效的信息表达渠道对于社会服务供给方获取民众的直接需求非常重要。访谈中很多被访者表示，很多时候他们找不到人去反映情况，或者反映情况时被推三阻四，需求得不到落实。其三，要激发居民主动寻求服务的意愿。我们的分析结果显示，个体的服务寻求意愿对其社会服务满意度存在显著的正向影响，因此，社会服务规范化建设应通过多种方式充分激发社区主体寻求社会服务的积极性，比如提升社区业主的主人翁意识和归属感，使他们意识到自己在社区公共服务供给中处于中心和主体地位，从而使消极、被动的接受者变为积极、主动的表达者。

（二）构建社会服务分类供给体系

分析结果显示，居民的社区居住类型对其社会服务满意度有着显著影响，而这种显著影响突出表现在不同类型社区（传统社区、发展中社区和现代社区）为其居住者提供的社会服务上。推进社会服务的规范化，既需要进行总体的制度设计和社会政策调整，也需要分类分层、科学配置不同的社会服务供给，以提升社会服务供给的有效性（廖鸿冰 等，2017）。具体来说：其一，传统社区保障基础型社会服务供应。传统社区多属于保障型社区，居住者多为弱势群体，因此相较于职业指导、法律服务等一些发展型社会服务，该社区居民更需要满足医疗保健、社会治安、便民中心等保障型服务需求。这就需要以政府为主导有针对性地进行财政投入，提高财政投入效率，完善该类社区在医疗卫生、教育、文化体育、养老、残障服务、基础设施建设等方面的社会服务。其二，发展中社区推进专业型社会服务供应。发展中社区的主要居住者是城市高知识水平的白领中产阶层，对他们而言已经不存在生存型和生活保障型问题，因此，该群体对社会服务的需求层次相对较高，主要是一些专业型服务需求，包括法律咨询、婚姻家庭咨询、邻里纠纷调解、心理辅导、人际关系调适等。就社会服务规范化供应而言，可以考虑在政府主导的基础上引入社会力量，推进社会服务供给主体和供给方式的多元化，充分发挥各主体在不同领域和层次上的供给优势。其三，现代社区发展定制化社会服务供应。现代社区居民一般多为生活富裕人士，他们经济实力雄厚，文化层次高，生活品位高，相应地对社会服务的需求层次也高，他们不仅对社区的治安、绿化、卫生等方面的服务需求较大，而且更需要专业化的服务，如文化娱乐、精神慰藉以及更为人性化的便民利民服务。因此，现代社区的社会服务供给可以充分考虑借助市场的力量进行定制化服务供给，但是要制定好相应的规划、监管和评估等配套制度。

第九章　社会服务可及性研究

第一节　社会服务可及性概念及测量方式

一、社会服务

在我国，社会服务和公共服务像一对孪生兄弟，很难分辨。通俗意义上的社会服务包含了公共服务的内容，生产性服务、生活性服务、福利性服务都属于社会服务，市场上提供的家政服务、托老托幼服务也都属于社会服务。公共服务特指由政府、市场或非营利组织向大众提供的具有消费非竞争性和获益非排他性特征的福利性服务。但公共服务的内容中又包含了社会服务，在《国务院关于印发“十三五”推进基本公共服务均等化规划的通知》(以下简称《通知》) 中，明确列出了我国基本公共服务清单，指出基本公共服务包括公共教育、劳动就业创业、社会保险、医疗卫生、社会服务、住房保障、公共文化体育、残疾人服务等 8 个领域的 81 个项目。《通知》中公共服务下属的社会服务则是为城乡居民提供相应的物质和服务等兜底帮扶，重点保障特定人群和困难群体的基本生存权与平等参与社会发展的权利。基本社会服务项目共 13 项，包括最低生活保障、特困人员救助供养、医疗救助、临时救助、受灾人员救助、法律援助、老年人福利补贴、困境儿童保障、农村留守儿童关爱保护、基本殡葬服务、优待抚恤、退役军人安置、重点优抚对象集中供养。从这个意义上来说，“基本公共服务”中所属的“基本社会服务”是针对特殊困难群体的物质兜底和服务帮扶。那么除了基本的社会服务，基本公共服务则应该是针对全体公民的生活和发展的各类服务，即除了政府承担的具有福利意义的基本社会服务之外，也包括市场、社会组织、志愿者等提供的补充性社会服务，尤其是与人们的生活息息相关的，针对个人、家庭和社区的服务项目。

二、可及性

近年来，“可及性”这一概念在公共服务尤其是基本公共服务的学术研究和政策文件中的出现率颇高，《国务院关于印发“十三五”推进基本公共服务均等化规划的通知》(国发〔2017〕9号) 中就提出要让全体公民都能公平可及地获得大致均等的基本公共服务，促进基本公共服务均等化。“可及性”这一概念最早是从国外引进的，起初是用于医疗卫生服务，是指“在搁置支付能力之后是否还能平等地获得公共医疗服务”。不同的学者对这一概念做了不同的阐释，并逐步提出了测量医疗卫生服务可及性的科学的、系统的、严格的指标。众多的理论解释总的来说可以分为两类。一类认为可及性就是可以“使用服务”，并从环境因素、人群特征、卫生行为和健康结果四个方面构建了卫生服务利用模型。另一类认为可及性可表达为顾客与系统的配适度。其测量维度来源于对可及性概念构成要素的操作。在此概念框架下，社会服务可及性的测量维度有五个，从这五个维度进行测量的方法即可及性“五维度测量法”，这也是该领域颇为经典的一种测量方法。这五个维度是：可获性 (供给方提供的资源、服务数量和类型被知晓程度以及便捷程度)、可达性 (社区居民与社会服务在地理空间上的关系)、可适合性 (社会服务的方式、层次、内容与居民需求相符合)、可承受性 (服务价格与社区居民的收入和承受能力相适应)、可接受性 (服务提供方的提供方式与居民个人或家庭阶层及特征的关系)。

国内学者在使用“可及性”这一概念时有的是“拿来主义”，直接借鉴国外医疗卫生服务可及性的概念，把它作为我国医疗卫生服务质量和水平的一个测量标准。还有的学者将可及性这一概念从公共医疗服务领域迁移到其他的社会服务领域，如居家养老社区服务可及性研究 (雍岚 等，2018)、儿童照料可及性研究（张海 等，2013）、智障人士福利服务可及性研究（范红忠 等，2017）、公共文化服务可及性（王前 等，2015）等等。他们用可及性这一概念作为公共服务均等化实现程度的一个指标，用来判断社会服务供需匹配程度和可及程度，进而提出改善社会服务的建议。

三、社会服务可及性

在界定完社会服务和可及性的概念之后，本章讨论的社会服务可及性的意义也相对明晰了，即社会服务中供给与需求之间的匹配度。我国不同层次社区社会服务项目在不同类型、不同层次的社区中实现程度如何、居民获得感如何，直接体现了基本公共服务均等化的实现程度，意义重大。本书也在此框架中选择社会养老、医疗卫生、公共文化体育、社会保险、公共教育、劳动就业创业等具有代表性的服务来分析不同社区在这些社会服务方面的可及性问题，并提出有针对性的政策建议。

社会服务供给与需求的匹配问题要从“供”和“需”两个方面来看。第一，从供给侧方面来看，涉及供给主体、供给环节、不同环节由哪些主体负责。供给主体方面，由于社会服务属于公共产品，其供给主体首先是政府。最初，社会服务是政府福利系统中的一个组成部分，例如美国福利体系就包括公共救助、社会保险、社会服务三个方面。市场是效率导向的，在准公共服务领域有其独特的优势。社会组织和志愿服务团队在社会服务领域中发挥的作用越来越大。供给环节方面，社会服务的供给包括服务项目决策、服务生产、服务输送、服务执行等多个环节。服务输送过程是否通畅，直接关系到服务的可及性。第二，从需求侧方面来看，人们的生活需求非常多样，每个个体或家庭之间也是千差万别，但具有普遍性的社会服务需求归纳起来主要有特定人群（老年人、儿童、残疾人、病人和孕产期妇女）生活照料需求、医疗卫生保健需求、文化娱乐需求、精神和心理需求、教育和就业需求等几个方面，不同的需求内容如何供给才能达到供需匹配？只有供给主体多样、服务输送通畅、符合需求内容才是具有可及性的社会服务。下文将从几个主要的社会服务需求项目着手，来探讨社会服务可及性存在的问题以及社会服务可及性提升策略。

第二节　社会服务可及性存在的问题

基本公共服务可以说是为贫困群体设立的，但很多社会服务，不论居民是否贫困都会需要，例如老年人照顾、儿童照顾，以及残疾人、病人和产后妇女的生活照料。在美国有很多针对个人、家庭或者社区设立的社会服务。以个人为单位的有针对儿童的社区青年中心、儿童保护机构、被领养的孤儿照顾、收养救助；以家庭为对象的有家庭规划，婚姻和家庭咨询，日托和照看放学后的孩子，短期替代家中长期照看老年人和残疾人的家庭成员以减轻他们的负担；以社区为依托的社区组织，通过组织各类社区活动，动员社区居民关注本社区的单亲母亲、社区新移民、租客、残疾人及其家庭等等。

从这个意义上来说，我国社会服务起步较晚，并且是随着市场经济体制改革而推动的，因此在最初发展阶段类似一种市场化的社会服务第三产业。直到出现了很多问题，国家民政部才明确社会服务的福利性质，这才使社会服务与市场领域的服务业有了明显区别。但是中国的社会服务仍然没有达到应有的水平，难以满足人们日益增长的对美好生活向往的需要，主要体现在：一是社会服务供给主体主要还是依托街道、居委会等准行政组织实施，专门的社会服务机构和专业化的社会工作者严重不足；二是中央和地方政府为社会服务提供的资金不足；三是社会服务输送系统不够通畅，具体输送社会服务的组织和机构少、专业性不强，志愿组织和非营利组织先天发育不良，后天控制过多，培育过少。接下来本书将讨论几个具体的社会服务项目可及性存在的问题。

一、养老服务

由于老年人医疗服务需求比较大，医养结合的养老模式逐渐盛行，因此养老服务是最早将医疗卫生领域可及性研究迁移过来的领域之一。相关研究主要集中在：第一，对部分地区、城乡养老服务可及性或获得性的研究，如云南藏区地方政府养老服务可及性研究、社区居家养老服务可及性研究——以济南市为例；第二，居家或社区养老服务的可及性水平的评价指标或评价体系研究，如居家养老社区服务可及性——概念模型、指标体系与综合评价，城市居家养老服务可获得性评价体系——基于因子分析和层次分析法。这些研究对养老服务可及性的探讨，大多是借鉴医疗卫生领域可及性的评价体系。

本书借鉴“五维度测量法”，根据养老服务的特点将养老服务可及性的评价维度确定为项目数量可及性、地理空间可及性、经济可及性、内容层次可及性等四个方面，并分析不同层次的社区养老服务存在的问题。

社会养老服务提供方式主要有居家养老、社区养老、机构养老三种形式。我国目前试图构建以居家养老为基础、以社区养老为依托、以机构养老为补充的社会养老服务体系。居家养老主要是以“上门服务”的方式为住家老年人提供生活照料、家政服务、康复护理、医疗保健、精神慰藉等各类服务；社区养老则是在社区中提供就餐、医疗、日间照料、短期托养、休闲娱乐等服务，主要功能是为家庭提供养老支持和社区日间照顾；而机构养老则是完全脱离家庭和社区，接受社会化、专业化的生活、医疗、护理和精神方面的养老服务。居家养老、社区养老和机构养老三类不同的养老服务方式基本涵盖了全部养老需求。然而我国现在绝大部分老年人还是以居家养老为主，居家养老服务有限，社区养老存在场地缺乏、设施不齐、从业人员专业性不强、流动性较大等问题，机构养老则严重短缺。在这样一个大背景下，养老服务可及性普遍存在问题，不论是项目数量、地理空间、经济支付还是内容层次都难以满足现实需求，然而不同层次的社区居住空间又存在不同的特点。

（一）传统社区

根据马斯洛需求层次理论，人的需求是有层次之分的，由低到高分别是生理需求、安全需求、情感需求、尊重需求、自我实现需求，并且一般是首先要满足低层次需求，才会产生较高层次的需求。传统社区主要是老城棚户区、保障性住房小区，居住在那里的家庭收入低，支付能力较差，不太有能力去市场上获取所需服务，因此传统社区养老服务的主要问题是支付可及性，这些社区最迫切的需求是政府提供的福利性养老服务。

（二）发展中社区

发展中社区主要是普通商品房小区，其居民有一定的支付能力，养老服务需求的项目和内容更多，专业性要求更强。他们在政府保障范围之外，但又不能完全通过市场满足服务需求。这类社区最需要的是政府购买社会组织的专业化养老服务。

（三）现代社区

现代社区的主要住户是社会的精英群体，或是经济实力雄厚的成功商人，或是身居高位的权贵，或是各行各业的知名人士、行业精英。他们对社会服务的专业化水平、服务的质量和层次的要求都很高。他们有很强的支付能力，但市场上提供的养老服务的内容和层次不能完全达到他们的要求。因此，对于这些社区来说，养老服务最大的问题是内容层次的可及性。

二、医疗卫生服务

可及性一词最早就是在医疗卫生方面使用的。影响医疗服务可及性的因素有很多，从供给方来看，有居民离最近医疗机构的距离、到达最近医疗机构的时间、人均医生数、人均床位数、提供医疗服务的内容、医疗技术水平、社会医疗保障制度等。这些因素决定了医疗卫生服务的提供方是否能提供充足的和公平的卫生服务资源。从需求方来看，家庭收入、家庭卫生设施、个人的受教育年限、健康意识、个人生活方式决定了个人是否有能力获得由供给方提供的医疗卫生服务。医学界对于医疗卫生可及性有一套完整的评价体系，包括针对基本医疗服务可及性的研究、对医院医疗服务可及性的研究以及对社区卫生服务可及性的研究，但是基于居住空间分异和聚类变动的现状，对现代社区、发展中社区和传统社区的医疗卫生服务可及性水平如何以及应该如何提高的研究则比较少。

（一）传统社区

在研究医疗卫生服务可及性时，人们主要关注的就是医疗服务公平性和医疗资源均等化的问题，因此，传统社区的医疗卫生服务可及性是最受关注的。传统社区的医疗卫生服务需求旺盛，然而其获取服务和资源的能力不足，因此可及性最低，亟须从供给方着手提高医疗卫生服务可及性。

（二）发展中社区

发展中社区是普通商品房小区，其居民代表着主要的中间群体。一般发展中社区周围会有医院、门诊，居民也能获取基本医疗服务。发展中社区服务可及性问题主要是基本服务可以满足，日益增长的高质量的、专业的、有针对性的服务供给不足。

（三）现代社区

现代社区通常地处城市资源聚集的地段，医院、门诊数量充足，加之现代社区居民本身是位高权重的上层人士，他们获取资源的能力强，对于市场上提供的专业的社会服务也能支付，因此其医疗服务可及性总体较高。

三、公共文化服务

可及性用来评价卫生服务不但逻辑完整，而且具有很强的操作性，故而这一概念已被广泛接受。有学者在公共文化领域也引入了可及性一词。如果说医疗卫生服务可及性是为了评价人们生命健康保障的实现程度，确保公民能获得平等的卫生服务，养老服务可及性是为了评价老年人能否获得平等的照料，那么公共文化服务可及性则是评价公民是否能方便快捷地获取公共文化体系提供的服务。

联合国人权委员会首任教育权特别报告员卡塔琳娜·托马斯瑟夫斯基（Katarina Tomasevski）在1999年向联合国人权委员会提交了一份世界范围内受教育权保护情况的初步报告，报告描述了政府保护受教育权应履行的义务，并将卫生服务可及性概念引入受教育权评价，提出了一个4A框架来评价初等学校应该具备的特征，即可获得性、可接近性、可接受性和可适应性。此后，她在2000年和2004年进一步阐释了4A框架的含义。卡塔琳娜·托马斯瑟夫斯基从政府保护受教育权角度提出的4A评价框架，对于分析和评价初等教育系统保护适龄儿童受教育权的状况是比较合适的，因此4A框架被联合国经济、社会及文化权利委员会采用，用于分析和评价国家初等教育对教育权的保护状况。我国学者吕建高和尚剑伟提出，受教育权指标的制定应该以卡塔琳娜·托马斯瑟夫斯基的4A框架为基础，并按照结构、过程和结果指标模式对4A框架进行分解，最终确定受教育权的具体指标体系。

在此基础上，王前等（2015）指出，公共文化服务同样可以借鉴4A框架，但要嵌入公共文化服务供需的内容。具体来说，公共文化服务可获得性主要指公共文化服务体系建设所提供的文化设施和服务人员的种类和数量能否满足城乡公民现实的文化需求；公共文化服务可接近性是指公民利用公共文化服务设施和机构需付出的交通成本、时间成本，以及公共文化机构在提供服务时是否对老年人、残疾人等特定群体存在排斥现象；公共文化服务可接受性主要指公共文化服务机构提供的文化服务内容、服务人员的素质、服务过程是否符合城乡居民的社会文化期待；公共文化服务可适应性主要指公共文化服务机构是否能根据城乡公民文化服务需求和消费习惯的差异与变化适时地调整管理机制、服务程序和服务技术，以及国家层面的制度设计能否根据公共文化服务机构反馈的信息适时地修正和调整。以该框架为依据，笔者认为我国公共文化服务可及性问题主要如下：

（1）传统社区文化设施种类和数量不足，无法满足现实文化需求。尤其是很多老城区的一些棚户区和农村社区，没有基本的公共文化设施。有的即使建了农家书屋、社区文化活动中心，也是流于形式。

（2）发展中社区居民流动性较强，公共文化服务可适应性不足，而发展中社区居民对公共文化服务的需求增长快，质量和数量要求也迅速提高，但是已有的基本的文化服务设施难以满足其日益增长的文化服务需求。

（3）现代社区总体来说公共文化服务可及性较高，对于城市的公共文化设施如图书馆、博物馆、文化宫等的可获得性和可接近性都比较好，但可接受性和可适应性有待提高。

第三节　基于社区整合的社会服务可及性提升策略

一、构建社会服务多元主体合作供给模式，提高服务质量

党的十九大报告明确指出："中国特色社会主义进入新时代，我国社会主要矛盾已经转化为人民日益增长的美好生活需要和不平衡不充分的发展之间的矛盾。"从党的十九大报告关于我国社会主要矛盾的变化的表述可以看出，未来我国将着力解决发展不平衡不充分的问题，更好地满足人民在经济、政治、文化、社会、生态等方面日益增长的需要，以更好地推动人的全面发展、社会的全面进步。社会服务可及性作为衡量人们生活质量的指标之一，其目标应该是能够满足不同群体日益增长的多样化的服务需求，这就要求服务的供给必须多元化，供给主体必须多元化。

（一）深化行政体制改革

政府在提供社会服务时扮演的是服务者的角色，但作为行政机构，要想更好地履行服务的职能，必须深化行政体制改革，优化政府组织结构，理顺权力运行机制，强化政府服务职能，从而充分发挥政府在社会服务中的主导作用。尤其是推进大部门制改革，政府履行社会服务职能时，要破除现有的碎片化多头管理，提高社会服务效率。我国现行的管理体制分工过细、部门职能交叉、

机构重叠，导致服务效率低下，大部门制改革也是在贯彻执行党的十九大报告关于“转变政府职能，深化简政放权，创新监管方式，增强政府公信力和执行力，建设人民满意的服务型政府”的要求。

（二）构建社会服务多元主体供给模式

政府、市场、社会组织在社会服务的提供方面各有利弊，构建社会服务多元主体供给模式就是要各取所长，将适合由市场提供的服务项目交给市场，将适合由社会组织输送的服务交给社会组织，使政府、市场、社会组织各司其职、形成合力，有效满足多样化的社会服务需求。

我国已初步形成多元主体合作供给社会服务的模式，但总体局面是，市场参与社会服务事业的动力不足，社会组织行政化严重，在社会服务供给过程中，政府、市场、社会组织的角色定位不清。社会服务供给有生产、输送、执行等多个环节。其中政府的职责是制定政策与规划，加大财政投入，加强监管。企业高效生产服务，丰富社会服务内容，增强社会服务品质。社会组织更多的是顺利输送服务，增强服务的可及性。另外，政府应该简政放权，增加对企业生产社会服务和社会组织输送社会服务的支持。在社会服务方面，政府、市场与社会组织之间应该是一种平等合作的伙伴关系，而不是管理与被管理的层级关系。

（三）强化质量保障

要确保社会服务质量和可持续性，首先，须完善法律法规。当前我国社会服务供给主要是依据行政法规、规章，没有一套系统规范的法律体系，社会服务供给模式缺乏有力的法律保障，因此有必要提高立法层次，保障私营机构和社会组织等参与社会服务供给。其次，给予财政保障。政府对企业、私营机构、社会组织参与社会服务给予税收优惠，鼓励社会力量参与，推广政府购买服务，选取优质的机构，采取服务外包，而政府则将重点转向加强监督和评估。最后，完善监督评估机制。监督与评估是质量监控的重要环节。第三方评估方式是确保评估结果客观中立的有效方法。目前已经有一套比较完整的绩效评估体系，涵盖了从制定评估计划、建立评估组织、设计评估指标、实施评估、撰写评估报告到最后使用评估结果的全过程，把评估结果作为衡量服务质量的重要标准，能够有效督促服务供给方合理使用资金，提升服务质量。

二、政府提供的基本社会服务向弱势群体倾斜，推动社会服务均等化

社会服务可及性问题本质上是服务供给和需求的匹配性问题。我国现阶段的社会服务供给失衡是结构上的不平衡，政府、市场、社会组织之间定位不清晰，无法精准对接社会需求，权力精英群体掌握了绝对优势资源，社会服务可及性高，而受支付能力限制的弱势群体和广大的农村社区，社会服务可及性总体较低。正如福利经济学家边沁说的，要追求“最大多数人最大幸福”，社会服务的目标也是追求社会总体最高的“可及性”。因此，要重视和关注传统社区，尤其是政府提供的基本社会服务，应体现其福利性，重点向传统社区和农村社区倾斜，促进社会服务均等化。

三、市场提供专业服务，为有支付能力的群体提供更多选择

市场以盈利为目标，对社会需求反应灵敏，能够以需求为导向。市场提供服务的特点是专业、高效、价格高，是社会服务不可或缺的供给主体之一，可以生产出多元化的、能够满足个性化需求的服务，但是由于其具有有偿性，会排斥掉一些没有支付能力的群体，因而适合为有需要的发展中社区、现代社区的居民提供个性化的社会服务。

四、充分发挥社会组织的作用，依托社区提高社会服务可及性

（一）城市社会服务下沉至社区，打通服务“最后一公里”

按照社会服务可及性的内涵和指标，社会服务可及性就是要让社会服务随时可见、就近可得、需要可获。因此，无论是哪套可及性评价体系都会有空间或地理可及性这一评价指标，以衡量社会所提供的各类服务是空中楼阁还是真

正可以满足需要的。笔者认为让社会服务落地最有效的办法就是将基本社会服务下沉至社区，这也是我国社会体制改革的必然趋势。如今我国的“单位人”越来越少，“社会人”越来越多，构建以情感认同为主的社区共同体是加强社会团结、维护社会稳定的重要途径。《民政部关于在全国推进城市社区建设的意见》也指出，社区建设是社会形态转型的必由之路，而社区建设的一项重要内容就是拓展社区服务，增加社区服务项目，促进社区服务网络化和产业化。

（二）推进农村社区化建设，健全农村社区服务

农村公共服务一直以来都是处于缺失状态的。随着社会深刻变革，城乡一体化趋势不可阻挡。新型城镇化背景下，传统村落逐渐衰落，农村居住空间转向社区化，为社会服务延伸到农村奠定了基础。中共十六届六中全会提出“要积极推进农村社区建设，健全新型社区管理和服务体制，把社区建设成为管理有序、服务完善、文明祥和的社会生活共同体”。但村改居不仅仅是改变形态，更重要的是农村居民生活方式的改变和居民身份的认同，而这就要求健全农村社区服务。

第十章　居住空间结构变动与城市社区社会服务供给侧研究

第一节　引　言

快速推进的工业化和城镇化，促进了城乡人口的流动。流动人口在城市大量集聚以及沉淀融合，使居住空间结构发生了变化。居住是一个城市的重要职能。居住空间是城市的物质载体。居住空间结构是城市空间结构的组成部分。居住空间结构能有效地反映出居民的生活水平与社会地位，也成为居民各阶层隔离的“指示器”，成为影响社会和谐的重要因素。居住空间分异催生了诸多社会问题，同时也使城市化的发展过程得到了规范和制约。居住空间结构的变动体现出城乡人口流动的一种社会变迁，也体现出经济的发展，是推动社会结构调整、居民社会服务需求多元化的重要因素。城市内不同的居住空间类型在社会服务资源的供给上也存在着不均衡。在社会流动语境下，面对社会服务需求的快速增长与社会结构的分化，居住空间结构的变动对社会服务体系提出了新的挑战。如何公平、公正以及合理、有效地为城市不同社会群体提供社会服务，规范的社会服务如何构建，是我国和谐社会建设中亟须解决的问题。

第二节 概念及综述

一、居住空间结构

居住是一个城市的重要职能。“居住是个人保障、社会财富、社会地位以及服务性配套设施等有限性空间资源的决定性因素之一”(吴启焰 等，2012)。居住空间是居住者的社会阶层的具体体现，它既是城市内各种建筑组合形成的物质空间，又是人们居住活动形成的社会关系空间(田艳平，2009)。居住空间的实质是蕴涵着社会关系的社会空间。居住空间结构是城市社会结构和城市空间结构相互作用的社会空间统一体。由于社会经济地位的差异，居住空间在人居环境、生活质量、交通可达性、获取就业和受教育机会等方面存在一定的差异，导致居住空间结构分化，形成了居住空间分异。这种分异造成了不同收入状况、不同职业背景、不同文化价值取向的社会群体在居住区的物质形态选择上趋于同类相聚，不同特性的社会群体聚居在不同的空间范围之内。实施商品化住房政策后，在房价的“过滤”和社会经济差异的“分选”机制影响下，居住空间形成一种居住分化甚至相互隔离的现象(蒋亮 等，2015)。居住空间分布趋于相对集中、相对独立、相对分化(侯敏 等，2005)。

快速的城镇化发展、大规模的城乡人口流动、现代经济社会的大发展、持续的居住空间的变动，均不可避免地造成了城市居住空间分异。基于社会经济地位变化、不同职业背景、社会文化价值取向差异，居民在居住空间的选择上趋于同类相聚。他们所追求的社会服务的品质与种类已有所区别，这让有限的社会服务资源产生了诸多的社会问题。如何有效配置社会服务资源，已成为影响城镇化发展及社会和谐稳定的一个重要课题。

二、社会服务内涵

社会服务是现代社会的产物，产生于西方发达国家。英国由于社会问题突出，最早将社会服务作为一种制度性的活动。第一个提出“社会服务”概念的是英国的理查德•蒂特姆斯（Richard Titmuss）教授，他认为“社会服务就是贫困救济”。但是基于各个国家和地区的意识形态和文化的差异，学术界至今尚未对社会服务形成一个统一的定义。

社会服务主要由国家以公共服务的形式来提供，很难按照市场方式提供。在西方国家，“社会服务一般是指由政府或非营利组织为社会民众提供的、具有社会福利性质、非现金形式的个人或社区服务”（王思斌，2014）。它与社会工作是同义的。我国学者认为，社会服务是“针对那些处境不利的人群，通过提供支持性的服务和项目，改善他们的生存状况，实现社会融合，维护社会公正”（廖鸿冰 等，2017）。张金花等（2003）根据不同的领域、不同的价值取向将社会服务分为多种类型，即源于市场经济和经济价值取向的经济型服务，源于生活文化和市场价值取向的方便生活型服务，源于政府机构和社会价值取向的职能扩展型服务，源于人类共同文明和道德价值取向的志愿型服务。

本书认为，完善的社会服务要求，既要为满足全体成员的社会需求而提供服务，又要针对弱势群体的不同需求提供各种形式的服务，还要针对不同流动结构的需求而分类分层地配置社会服务资源。随着工业化和城镇化的持续推进以及经济社会的快速发展，居住空间的聚类加剧了阶层的分化与重组。这就需要社会服务针对不同社区类型、不同社会群体的差异而呈现出多样化形式，以“缓和贫富分化、减少社会矛盾、保持国家稳定、维护社会公平、促进社会发展”（李兵 等，2011）。

第三节　相关理论

一、社会发展理论

社会发展理论主要是研究社会发展变迁的规律。米基利（Midgley，1995）认为，社会发展和经济发展是一枚硬币的两面，经济发展是社会福利发展的基础，没有经济发展，社会发展无从谈起；同样，没有改善人类社会福利，经济发展就毫无意义。社会发展理论认为，社会发展要与经济发展相联结，以提升人类福利，而社会发展的目标就是提升社会福利。米基利认为，社会发展是“聚焦于有计划的干预战略，即政府和国际组织等机构的宏观干预，企业和社会组织等的中观干预，以及家庭、个人、邻里和志愿者等个人和群体的微观干预。社会发展的观点寻求在社会政策领域内整合社会福利和经济发展，它协调经济政策和社会政策的制定，并联系经济发展和社会政策建立制度机制”。米基利基于社会发展视角提出，提升社会福利的方式有三种：社会慈善、社会工作和社会行政。社会发展视角聚焦于社区或社会结构，注重动态，强调社会发展与经济发展的联结。

城镇化发展到今天，人们的收入得到了快速的增长，城市居住空间结构的调整及居民阶层的分化是现代社会发展的必然。由于转型时期居住空间的聚类变动需要相应的社会服务体系与之配套，并且不同性质的居住空间聚类需要不同性质的社会服务提供渠道与模式。当前政府大力倡导改善民生，精准扶贫，分层分类配置社会服务资源，而这需要用社会发展的观点引导社会服务的发展，为社会服务的发展提供一种思路和视角，并用社会发展的观点为社会服务构建一个发展战略框架（Midgley，1995）。

二、底线公平理论

景天魁等（2011）从权利与义务角度出发，提出底线公平理论。他认为底线公平是指社会成员在这条底线面前的权利具有一致性。底线是指一种界限，它划分了社会成员权利的一致性和差异性。底线以下部分体现权利的一致性，底线以上部分体现权利的差异性。景天魁等（2011）同时指出，底线以下是无差别的公平，底线以上是有差别的公平。“底线公平中的‘公平’不是指低水平的保障，而是指公民生活中最基本的、不可缺少的服务”（景天魁 等，2011）。

根据底线公平的价值理念，在满足社会成员的福利需求时，应该优先保障底线需求，然后才是非底线需求。城市化加速使城市居民的居住空间发生复杂性结构化变动，居住空间阶层化日益明显，城市居民阶层化意愿提升。居住空间的流动性挑战既有的社会服务模式，需要管理哲学、社会政策的适应性更新（廖鸿冰，2016）。在目前社会流动结构化背景下，社会服务已经呈现出不平衡的特征。一方面，居住空间阶层化带来了社会服务需求的多元化，而城市社区社会服务的供给往往忽略了这种新的变化趋势；另一方面，由于城市社区社会服务受利益趋使，对于消费能力弱的传统社区居民和低收入人口等社会底层和弱势群体来说，城市社会服务呈现出分配不均衡的现象。人们对社会服务的需求也是有差别的，城市社会服务资源的配置应该体现底线以下的无差别公平和底线以上的有差别公平。

第四节　居住空间阶层化与社会服务差异化

随着城镇化的快速推进，受住房市场化的影响，居民收入差距的拉大，居住空间结构发生变动，推动了社会结构调整，出现了不同阶层、不同收入的人群居住在不同的区域的现象，形成了差异化的社会服务供给机制。居住空间变动已经成为优化社会服务资源配置的重要因素。不同类型的居住空间相继出现，使得现代社区、发展中社区、传统社区等形成区隔，富人社区、中产阶级社区和贫民窟社区开始成片集中出现（高庆琦 等，2012）。这似乎隐含着这样一种逻辑，即不同类型的传统社区、发展中社区、现代社区的人群在追求社会服务的内容和形式上并不一致，富裕阶层和贫困阶层对社会服务的消费能力和获益能力也存在显著差异。

一、传统社区

传统社区亦即社会保障型社区，主要是由廉租房、经济适用房等构成的保障性社区，其公共服务供给的基础薄弱，基础设施不是十分完善。这类社区的群体绝大多数的文化教养、思想层次、收入水平都比较低，处于边缘化，弱势群体居多，属于贫弱阶层，其社会服务需求呈现出多样化趋势。从基本的需求看，传统社区的居民有衣食需求、住房需求、医疗需求、教育需求、就业需求、社会参与需求、安全需求、社会交往需求等等；从不同群体的需求看，有贫困家庭的救助、社区养老服务、残障人士服务、婚姻家庭服务、单身母亲帮助、儿童与青少年服务、社会融入、志愿者服务等（倪春丽，2013）。贫弱阶层的社会服务需求往往受到抑制，他们由于生存压力过大，比较关注与自己的生计直接相关的问题，很少主动追求发展性、享受性福利目标。就算有需求，他们也习惯于向非正式的支持网络求助，而不会主动向专业机构求助，或者向政府主张自己的权利和需求（倪春丽，2013）。

二、发展中社区

这类社区的公共服务供给基础较好，基础设施比较完善，高知识水平的新兴白领阶层聚集于其中，属于中产阶层社区。其居住层次明显提升，主要聚集在中心城区，高档住宅逐渐增多，低档住宅持续减少。这在整体上提高了中心城区的居住层次，同时压缩了弱势群体的居住空间，加剧了弱势群体的边缘化（刘志平 等，2013）。发展中社区居民的社会服务需求主要表现在：一是社会福利服务需求，包括低保、贫困、住房、就业的救助以及养老服务、残障服务、妇女儿童照顾等；二是专业服务需求，包括婚姻家庭咨询、邻里纠纷调解、心理辅导、人际关系调适等。在传统社区发展的过程中，这种非保障性的需求日益增多，对更加专业的社会服务的需求也必然会越来越多。

三、现代社区

这类社区交通便利、道路通畅，市政配套设施齐全，周围的商业配套完善，社区内环境优美、干净整洁，没有或很少有污染源，以别墅和洋房为主，属于豪宅区。社区居民经济实力雄厚，文化素质与社会地位高，多为富豪和知名人士。现代社区的住户文化气息浓厚、人口同质性强。现代社区主要位于城市核心区，具有较高的认可度。这类社区居民不仅追求生活的便利性，更对生活品质有所要求。其社会服务需求呈多样化、品牌化、专业化趋势，个体需求呈具体化、个性化、差别化和弹性化趋势，如私人医生、高级管家等，这些都体现了高端人群对社会服务的全面性、针对性和隐私性的高度要求。追求高层次的生活、消费升级成为现代社区居民迫切的需求。

第五节 当前社区社会服务供给侧问题

社会服务在我国社会经济发展中扮演着重要的角色，是和谐社会建设的内在要求。社会服务供给对于维护社会稳定、提升民众生活质量具有重要的时代意义和历史价值。我国转型时期的社会服务开始由政府包揽转向社会力量参与，以结构转换为核心，带动了观念的变化、利益的调整和社会体制的转化(王波 等，2010)。随着社会流动结构的变化，参照社会发展理论观点，社会服务供给中还存在一些问题，制约着我国社会服务的发展。

一、传统社区

这类社区属于保障性社区，社区居民多边缘化，弱势群体居多，有保障性需求的居民比较多，社会服务供给严重不足。一是供给方式比较单一，社会服务资金投入不足，社区社会服务水平低。目前我国绝大部分的社会服务是由政府提供的。政府提供的单一性服务难以满足社区居民日益增长的美好生活需求。多样性社会服务需求受制于资金的缺乏而难以得到满足（霍燕，2012）。在精准扶贫、全面小康的新形势下，社会服务工作承担着越来越繁重的任务，缺乏一定的财力保障，导致社区社会服务水平低，复杂性、多样化的社会服务发展也将受到严重的影响。二是社区的社会服务项目种类较少，服务质量比较差，并且社会服务供给与社区居民需求之间不匹配的状况较为明显。调查显示[①]，传统社区的日间照料中心、老年人活动室等没有功能区的划分，设施不完善，需求匹配不足；有些日间照料中心实行象征性收费制，很多老年人受传统消费观念的影响，不愿意花钱享受这一服务，合适的服务对象较少，导致很多日间照料中心长期空置，存续困难；社区医疗卫生服务站也存在同样的问题，其医疗服务设施简陋、设备落后、药物不全，社区老年人的体检资料不全，未能建立详细的健康档案。随着老年人年龄增大、身体机能下降，老年人对医疗的需求越来越大，而现有的社区医院难以满足老年人的需求。三是社会服务专业人才缺乏。传统社区居民的特殊性、边缘化更需要专业人才。政府制定的帮扶政策主要针对的是无差别的一般公民，很难落实到某一特殊的个体，而他们需要专业机构与专业人士照顾，缺乏专业人才资源必然导致我国社会服务工作发展缓慢。目前社区社会组织及负责人的专业基础薄弱且职业资质较低，社区居民对其提供的服务评价不高，信任度比较低。目前国内有社会服务专业人才培训的机构较少。个别高校虽设置了社会工作、家政学、心理咨询等社会服务人才专业，但是社会服务专业毕业生的对口就业率较低，社会服务专业化走在了职业化的前面，社会服务领域严重缺乏专业服务人才。社会服务专业人才的

① 此处“调查显示”是指“居住空间的调整与城乡社会服务体系建设研究”课题组针对流动人口居住空间变动与社会服务体系状况进行了抽样调查后得出的结论。该调查选取了长沙芙蓉区、上海浦东新区、深圳龙岗区、江西萍乡市、郴州苏仙区、张家界永定区等6个城市的部分社区，发放了500份调查问卷，回收问卷424份，回收问卷率为84.8%；经筛查，筛选出有效问卷411份，有效率为82.2%，无效问卷共13份。本书所有数据及分析结论，若没有作特别说明，结果都来自该次调查。

培养和使用机制不健全，没有合理的薪酬待遇，难以调动社会服务专业人才的积极性。只有更专业的人才的介入，才能推动社会服务领域的社会福利高水平发展。

二、发展中社区

这类社区主要居住着高知识水平的新兴白领阶层，属于中产阶层社区。居民的需求是多样化的。居民的非保障性需求日益增多，社会服务的专业化程度明显提高，但目前社会服务供给结构的适应性与灵活性都较低。一是政府供给决策机制的单向性，导致社会服务供给的种类和数量较少，居民的有效需求得不到满足。发展中社区居民的经济收入和生活水平较现代社区居民明显偏低，社区居民对基本的社会服务的需求程度普遍高于现代社区居民。调查显示，发展中社区居民在各个方面的需求都没有得到有效满足，服务严重落后于现代社区。二是社会服务供给结构不合理，质量不高。与发展中社区居民的多样化、品质化需求相比，目前的社会服务供给表现就是结构不够合理，同时总量不足，缺乏精神方面的服务，社会服务活动也比较单一，不能满足社区居民日益增长的服务需求。三是社会服务资源分布不平衡。受制于成本、时间等多种条件的约束，有差别的多元化社会服务需求难以得到满足。发展中社区的社会服务场地设施较少，难以满足需求，而辖区内的学校、机关事业单位的活动场馆又多不向社区居民开放，降低了社会服务资源的使用率。这种社会资源的分布不对称，将会妨碍社会公正的实现。

三、现代社区

这类社区的居民经济实力雄厚，多为富豪和知名人士，文化层次高，生活品位高，服务需求高。现代社区的社区服务供给存在不少问题。一是社会服务供给与居民需求存在较大差距。随着社会的发展，利益主体日趋多元化，现代社区居民对社会需求表现出多样化、品质化特征，同当前的社会服务供给存在差异。由于现代社区居民的收入和地位不同，其对社会服务的需求程度也不同，表现得更复杂多变。他们不仅对社区的治安、绿化、卫生等方面的服务需求较大，而且更需要专业化服务，如文化娱乐、精神慰藉以及更为人性化的便民利民服务。二是社会组织结构发展不均衡，数量和质量均无法让人满意。社会组织结构发展不平衡表现在不同层次社区的发展不平衡，政府扶持的社区，进入的社会组织多一些，社会服务的质量就高一些。从社会组织数量上看，在现代社区内的专业型、有保障的社会组织较少，其提供的服务与社区居民对专业性服务的需求相差较远。从社区居民需求的地域性来看，其社会服务需求差异明显。现代社区经济水平高，社会服务满足程度较高，社区居民的需求层次较高。但从社会组织功能性结构上看，社区提供的社会服务内容不够丰富。三是社区社会服务体系不完善。在我国，社会服务的理论与实践还处于探索中，没有一个明确的概念和界限范围。王思斌（2011a）认为："社会服务是一种社会福利服务，是由政府和社会力量向民众特别是困难群体提供的福利服务。"赵孟营（2011）将社会服务和公共服务看作可以相互替代的概念。他认为当前中国是政府主导着社会服务，社会机构发育不充分，很多情况下政府对社会服务包揽过多，没有很好地发挥社会组织参与社会治理与提供社会服务的作用。目前我国社会服务总体水平较低，不平衡、不充分的现象比较突出，没能科学规划、分层分类地对社会服务资源进行合理配置，社会服务体系建设还不够完善，需要借鉴国外社会服务的成熟模式和管理经验，构建一个现代社会服务体系。四是社会服务机构缺乏规范性。社会服务机构内部管理不规范，机构在成立及发展运行的过程中，制度建设、财务管理、人才使用、服务成效以及督导与评估等方面都存在不规范化问题，专业化水平不高，老百姓获得感不够，社会服务的专业优势难以体现，导致公众认同不足，社会认知度低，没有建立起社会服务的职业信任和社会认同。目前许多社会服务机构涉及范围广、领域宽，专业性不足，管理不规范，导致社会服务效率低下。政府对社会服务机构干预较多，直接影响了社会服务机构的发展，难以发挥其优势。虽然政府在积极出台政策鼓励社会组织独立发展，但仍没有改变对社会服务的主导影响。

第六节　基于居住空间结构变动的社会服务供给政策建议

如前所述，城镇化背景下，基于人口流动的居住空间聚类使我国城市呈现出居民收入差异化、居住空间阶层化的趋势。面对城乡社会服务需求与供给的不协调，我们既需要进行总体的制度设计和社会政策调整，也需要分类分层、科学配置不同流动结构对社会服务的需求，以增强社会服务供给的有效性。

一、传统社区

加大财政投入力度，强化政府主导社会服务供给。传统社区属于保障性社区，就是要保基本，做到底线公平。针对社区居民最迫切的需求，如生活保障服务、医疗保健服务、社区治安服务、社区照顾服务、便民便利服务，政府要主导社会服务供给；并且要依据居住空间结构的变动，以及新增居民社区和新建社区的社会服务资源总量和质量的提升，加大财政投入力度。针对当前国情，建立与经济社会发展和政府财力增长相适应的社会服务的财政支出增长机制。另外，要分类差异化地配置社会服务资源，针对性进行财政投入，提高财政投入效率。加大新增居民社区与新建社区的医疗卫生、教育、文化体育、养老、残障服务、基础设施建设等基本保障的投入，实现有差异的社会服务供给，调整社会服务供给结构，实行有形的公共产品供给和无形的社会服务供给协调发展，提升社区社会服务水平，增进城市社区居民的总体福利（倪明胜，2012）。

二、发展中社区

推进社会服务供给主体和方式的多元化。社会服务供给应以居民的有效需求为导向。供给决策过程要吸纳居民参与，尊重社区居民的意见，实现有效供给。有效利用政府、非营利组织、社会服务机构的功能，使它们积极参与到社区社会服务的供给中（霍燕，2012）。市场和非营利组织可以通过政府服务、政府出售、政府间协议等方式成为社会服务供给主体，构建以基层政府、社会组织、社区居民为多元主体的社会服务供给模式，充分挖掘各方资源，组织动员全社会加入社会服务提供者的行列，充分发挥各社会服务供给主体在不同领域、不同层次供给的优势地位（廖鸿冰 等，2017）。根据社会发展理论，在社会财富日益增长的社会转型期，应努力改善基本民生，大力发展社会服务，不断扩大社区社会服务供给，改进社会服务供给的成本分摊机制，形成针对城乡人口流动、居住空间结构变动的社区居民社会服务需求全覆盖的社会服务供给格局，增强不同人口结构群体对社会服务需求的可及性和可获得性，提升社区社会服务供给的效率和质量。

三、现代社区

构建与社会服务供需契合的机制。社会服务的基本特征就是“服务社会，方便民众”（张金花 等，2003）。社会服务供需契合的关键就是要以民众需求为出发点，真正实现惠民便民，满足民众的需求。为了减少、避免社区社会服务的低效供给与无效供给，需要在社区社会服务提供者与消费者之间建立畅通的信息渠道，及时有效地了解、掌握居民对社会服务的需求趋向，尽可能达到社会服务供需之间的平衡，实现社会服务的最优供给。如前所述，社会服务供需契合度应该通过公众的满意度、公众的参与率、取得的社会效益以及社会服务的总量和质量等指标来衡量。一方面，应建立社区居民表达社会服务需求和参与社会服务的平台。现代社区的居民经济收入、地位较高，可以付费享受社会服务。应健全社会服务需求的反馈机制，让社会服务供给与社区居民多样化的社会服务诉求高度契合，避免社会服务供给与居民多样化的社会服务诉求目标错位、需求结构不对称，推动社会服务的均等化，促进社会服务体系建设的民主化、科学化。另一方面，要探索“菜单化”的社会服务供给模式。这需要科学地定位社会服务的供需内容，针对群体结构、空间结构，根据居民的选择“按需配送”社会服务资源（张红 等，2018）。坚持以群众需求为导向，整合各种社会服务资源，搭建社会服务供需平台。根据居住空间分异所形成的现代社区、发展中社区、传统社区的实际情况，以居民需求定标定向，依据不同居民的需求提供契合群体结构与空间结构的多种形式的社会服务，通过“群众点菜、社会组织配餐、政府买单”的形式，精准提供社会服务，较好地解决和满足社区居民最关心、最迫切、最具体的问题和需求，以形成政府部门主导、社会组织参与、人民群众满意的共赢格局，切实满足民众的社会服务需求。

四、综合现代社区、发展中社区、传统社区

综合现代社区、发展中社区、传统社区应建立政府与社会组织共生型社会服务合作供给模式。随着工业化、城镇化的快速推进，社会流动持续加快，居住空间分异，现代社区、发展中社区、传统社区形态形成。在现代社区、发展中社区、传统社区中，对于居民日益增长的个性化、多向度的社会需求，政府不应是社会服务的唯一提供主体。社会组织作为社会共同体日渐成为社会服务的重要力量。社会组织和政府之间的交互作用、共生进化促进了社会福利的发展。共生型社会服务合作供给是指政府与社会组织在社会服务领域中，彼此间的关系维度高，资源依赖程度高，两个行为主体相互协作、优势互补，产生共生社会服务效益（廖鸿冰，2010）。如前所述，社会服务供给是一个系统工程，政府不应是社会服务的唯一提供主体，而应为了实现社会服务社会化、专业化、市场化，依托社会组织开展社会服务体系建设。政府是社会服务供给侧“掌舵人”，而不是“划桨者”，“划桨”的任务应由社会组织执行。政府掌舵就是政府负责政策制定、资金支持、制度安排、质量监督等。政府以购买社会服务的方式，与社会组织在某种程度上完美结合。共生型社会服务合作供给模式将使政府与社会组织通力合作、互相监督，以促进服务更好地供给。这种政府与社会组织共生型的合作关系使得二者相互依赖、相互制约，政府引导社会服务的发展，社会组织着力于社会服务的实施，二者形成了对称互惠共生系统，

为社区居民提供社会服务。

第七节　结　　语

快速的城镇化建设、大规模的人口流动促使城乡居住空间结构发生变动。城市居住空间分化不仅指居住空间的阶层化，更涉及由此引发的经济、文化、社会服务等更深层次的社会问题（单菁菁，2007）。在工业化、城市化背景之下，不同地域、不同城市出现居住空间分异现象，并且分异趋势越来越明显。同时，由于居住分异而产生的诸多社会问题，也规范和制约着城市化的发展过程。城镇化背景下居住空间的变动，使得居住空间出现聚类，形成了现代社区、发展中社区和传统社区。这种居住空间结构的分化与收入分配的不平等，体现出了社会服务明显的不均衡特征。一方面，居住空间分异带来了多元化的社会服务需求，而城市社会服务的供给往往忽视了这种新的变化趋势；另一方面，由于城市社会服务是利益趋向型的，使得传统社区居民或者低收入人口等社会底层和弱势群体受制于消费能力的约束，从而导致城市社会服务资源的分配不均。但由于转型时期居住空间的聚类变动需要相应的社会服务体系与之配套，并且不同性质的居住空间需要不同性质的社会服务提供渠道与模式，现代社区可以通过市场化渠道提供社会服务，政府保障渠道用于传统社区的社会服务。针对现代社区，政府主要通过监控市场、规范交易的手段，保障社会服务提供；而对于传统社区，政府需要出资购买服务，遴选社会工作专业机构，并监控其服务的提供。社会工作机构进驻社区并有效工作可以促进“以社区为基础的整合性社会服务”模式发挥作用。“以社区为基础的整合性社会服务”模式符合底线公平、差别公平原则。面对城市社区居民社会服务需求与供给的不协调，既需要进行总体的制度设计和社会政策调整，也需要分类分层、科学配置不同社会服务，以增强社会服务供给的有效性。社会服务体系的构建，需要政府掌舵，按照社会化、专业化、市场化的原则，以需求为导向，精准提供社会服务，引导和支持社会组织进驻社区提供专业化服务，推行政府与社会组织共生型社会服务合作供给模式。

第十一章　农村空心化与社会服务体系研究

第一节　引　　言

齐格曼·鲍曼（Zygmunt Bauman）指出，流动性是当代生活的显著特征（郇建立，2006）。世界各国的现代化、城市化进程的普遍趋势是城乡人口流动，即农村劳动力向城镇转移。自我国改革开放以来，新型城镇化快速推进，怀着对生活条件的改善和美好生活的向往，一部分有条件、有能力的农民向城市集聚，以寻求更好的发展机会，造成了农村常住人口不断减少以及空间形态上的荒芜现象。“农户兼业化、家庭空巢化、人口老龄化、服务空心化”是我国当前农村空心化的普遍趋势。农村空心化是社会转型与快速城镇化发展的必然结果。这种空心化体现在农村社区人居环境的破坏、土地资源的荒废、社会服务的弱化、基础设施的匮乏等多方面。这种变异现象阻碍了农村社会经济的可持续发展。但是学术界在探讨农村空心化问题时更多地关注聚落空心化与人口空心化。农村空心化还体现为另一种更关乎民生的农村社会服务空心化现象。由于农村劳动力转移，“人走屋空”，新建住宅不断向外围扩展，“建新不拆旧”“外扩内空”的现象出现，居住空间以“零散性”为特征（刘彦随 等，2010）。农民居住空间格局调整影响着城乡统筹格局，进而影响社会服务体系变动。居住空间变动后的农村社区呈现出社会服务空心化现象，需要构建新的农村社会服务体系。然而因为农村人口空心化，经济积贫积弱，社会功能退化，导致农村基础设施空心化、农村社区服务缺失。农村社会服务长期得不到关注，农村留守人员的多元化需求供给不足，已经产生了一系列的问题。农村留守人员背负着沉重的生活与精神压力，克服着各种困难，对社会服务的需求显得更加迫切。因此，城镇化背景下因农村住房建设而产生的居住空间调整，无论对个人选择还是对人口流动，无论是对市场抉择还是对政府规划，都是重要的课题。更为重要的是，与居住空间调整相伴而生的社会服务体系变动更是一个很新、很重要的议题。构建农村社会服务体系，是解决我国农村空心化问题的重要手段之一，也是农村留守群体的强烈需求。

第二节　农村空心化与社会服务体系的基本内涵

一、农村空心化的含义

有关农村空心化的概念，学术界尚未形成统一认识。它是一个跨学科的话题，不同学科对农村空心化的含义有不同的界定。有学者基于地理学和建筑学的视角提出乡村聚落空心化的概念，主要用其来描述空心村的演化过程及农村土地利用的问题。薛力（2001）认为，在农村人口快速非农化的情况下，村庄建设的快速发展同农村规划管理滞后的矛盾，导致村庄外围粗放型发展，而原村庄大面积闲置废弃的空间结构布局出现分异现象。陈睿睿（2017）认为，农村空心化实质上是乡村聚落在转型与扩张过程中，在原来的村落外新建住宅，出现了“建新不拆旧”的一种“外扩内空”的现象。有学者基于人口学和社会学视角，侧重描述农村人口结构分布不合理现象及社会服务匹配不足的问题。陈睿睿（2017）认为，农村空心化突出表现为人口空心化，农村大量剩余劳动力流向城镇，留在农村的人口大多数是老人、妇女和儿童，有能力、有知识的青壮年人口比例下降，导致了农村人口的性别结构、年龄结构等分布极不合理。由于社会资源的大量转移、社会服务弱化、基础设施缺乏，农村老人的照料、孩子的教育、妇女的安全等出现了问题。有些学者基于政治学和经济学视角提出，农村劳动力转移和农村人才流失影响了农村社会经济的发展。徐勇(2000)认为，农村空心化是指农村发展所需要的人才、技术、知识、资金等资源，随着城乡人口流动而大量流失，导致农村经济社会发展陷入困境，呈现出“有流动无发展”的局面。林孟清(2010)直接指出，人才流失就是农村空心化，它导致农副业、教科文卫等农村各部门人才严重短缺。还有学者对农村空心化给出了综合定义，认为农村空心化是在社会转型及城市化背景下，由于农村劳动力的转移、农业经济和就业结构的转变，农村的人才、资金、技术等资源大量流失，影响农村经济社会发展，进而引起农村人才、农村产业、社会服务、基础设施等多方面空心化的一种变异现象(刘祖云 等，2012)。

综上，农村空心化是基于人口空心化的村落空废、农村人才空缺等现象，其已经阻碍了农村经济、社会发展。探讨解决农村空心化问题也是一个社会治理、社会服务的空间命题，关系到农村社会的和谐稳定与全面小康的实现。

二、社会服务体系的含义

学术界对社会服务有多种定义。国际劳工组织的定义表述为，社会服务是对那些脆弱群体的需求和问题进行干预(Fultz et al.，2004)。世界卫生组织将社会服务定义为，针对那些因为贫困、年龄、失业、健康状况恶化和残疾等，在住房、购物、交通、生活照料等方面需要帮助的人，提供社会支持的服务与项目(李兵 等，2011)。我国政府和学者认为，社会服务就是社会福利，将社会服务定义为，针对那些处境不利的人，通过提供支持性的服务和项目，改善他们的生存状况，实现社会融合，维护社会公正(李兵，2011)。就社会服务的内容来说，有学者认为狭义的社会服务只包括收入保障、医疗和健康保障、社会福利三项；广义的社会服务则在狭义的基础上还包括教育保障、法律援助、住房保障和就业保障等。如目前美国社会服务的内容大致包括全民保险、国民健康服务、补助金、家庭收入补助、儿童救济金、裁员费支付、地方福利服务、儿童服务、教育服务、青年服务、就业服务、住房、缓刑期服务和病后护理服务等。美国的社会服务与当前我国正在积极推进的社会工作大体一致。就社会服务体系的构建来说，社会服务体系逐步分化为个人的社会服务体系和整合的社会服务体系。整合的社会服务体系（尤其是整合的医疗服务与养老保障）成为近年来新兴的研究热点。提供整合社会服务的组织可以是政府部门、非政府组织、非营利组织、企业等。近年来，社会服务主要由第三部门提供。杨君等（2013）提出了新社会服务体系，该体系是由社会组织通过政府购买服务的方式提供一些具体的服务性内容，目的是改善公共服务、创新社会管理。

鉴于人口流动产生的居住空间变动对社会服务体系构建的变动性要求，以社区为基础的多元化社会服务体系日益成为西方发达国家的选择。在我国，社会转型与快速城镇化导致城乡居住空间加速变动，空心村逐步成为常见的社会现象。上述发展趋势伴随的健康问题、贫困问题、就业问题、教育问题、法律援助问题和住房保障问题等正在考验我国的社会服务体系运行机制。

第三节　农村社会服务空心化的主要表现

我国不断发展的工业化、城镇化促使农村人口流动不断加速，居住空间发生变动，青壮年劳动力外移，人口结构发生变化，使农村形成了以留守人群为主的空心化现象。农村空心化导致劳动力紧缺、人口素质下降、村庄大面积闲置、耕地抛荒、土地资源浪费等一系列总体性衰败。不仅如此，农村空心化还存在着另外一种更为严重的现象，即社会服务空心化。农村社会服务缺失，就不能满足农村人口的多元化需求，会影响农村社会经济的发展，还会进一步导致农村人口持续外迁，形成更为严重的农村空心化问题。下面列出农村社会服务空心化的主要表现。

一、农村人口空心化

农村人口空心化是农村空心化的主要特征。大量的农村剩余劳动力流向城镇，造成农村总人口减少。以前的村庄三代同堂、儿孙绕膝、邻里和睦，而随着农村人口的减少，亲缘邻近的关系逐步弱化，出现了冷清、荒凉和萧条的景象。目前农村人口的年龄结构不合理，留在农村的大多为妇女、老人、儿童。农村人口老龄化、家庭结构空巢化、贫困化的问题比较突出。特别是留守妇女，不仅要承担繁重的农业生产劳动，还要承担教育子女、照顾老人的责任，又面临着维持夫妻关系的挑战。这些都增添了妇女的生理、心理负担及各种风险。农村留守老人也面临着经济收入低、生活照料不足、健康养老保障不完善、精神生活单调、隔代教育力不从心等诸多问题。留守儿童由于亲情缺失，在成长中出现了如教育被放任、性格叛逆、健康无保障、道德不健全、价值观扭曲、早恋、安全隐患多等很多问题。这些问题的出现都与农村人口空心化有关。

二、农村教育服务空心化

众所周知，由于城乡二元结构的存在，农民、农村、农业的发展受到了限制和束缚。我国自改革开放以来，虽然已经建立了社会主义市场经济体制，但城乡二元结构体制仍然存在，其中城乡二元教育结构是非常具有代表意义的。工业化、城镇化的快速发展，导致农村的教育资源远远落后于城镇，难以改变农村教育的弱势地位。由于城镇的师资优裕、教学设施优越，很多农村学生被吸引到了城镇享受优质教学资源，农村人口迅速向城市流动，在农村中小学就读的是一些留守儿童，其教育质量堪忧。农村学校生源减少，导致农村撤点并校，农村的教育系统日渐萎缩。一项在全国范围内进行的调查显示，农村小学的在校生比例为 53%，学校城镇化率为 27%；农村初中阶段的在校生比例和学校城镇化率分别为 74% 和 57%。由此可见，农村学生的城镇化速度已经超过了人口的城镇化速度。在农村学校，以前缺教学设备、缺任课老师，现在连学生都缺。农村教育“弱势化、空心化”的趋势还体现在农村撤点并校后留守低龄儿童上学接送困难。由于交通设施落后，入学儿童必须由家长接送，而接送通常由留守老人负责。接送路途远、路况差、耗时长，既影响学生的学习，又存在安全隐患。

三、农村医疗健康服务空心化

随着城市化的快速推进，城乡人口流动加快，农村青壮年劳动力不断向城市转移，导致留在农村承担繁重农活的多是留守妇女、儿童、老人。这些人由于健康知识缺乏、劳动强度大、饮食卫生差，生病了舍不得看医生，健康卫生问题得不到重视，已经成为传染性疾病的高发人群。另外，村庄生活环境恶化、农村人口老龄化、劳动保护不足等，也使得村民的健康状况堪忧。他们因病休工、卧床的时间及患病严重程度都要比城市的同类人高。在农村推行新型农村合作医疗政策后，该政策深受广大农民欢迎，农民参合率很高，有力地缓解了农村居民因病致贫、因病返贫的问题。但是与城市居民的医疗卫生资源相比，农村的医疗资源仍严重不足。由于农村乡镇卫生院建设资金不足，存在医疗设施不齐、人手不够、缺医生、缺护士、缺医技人员的现象。有的村卫生所是空壳卫生所，医疗器械仅限于“老三件”，即听诊器、体温计、血压计等，无法满足农民的就医需求，村民的医疗健康服务质量无法提升。这样就出现了农民在乡村看病难、看病贵的现象，一旦生病就只能赶往县城或大城市就医。

四、农村文化服务空心化

在城镇化快速发展的进程中，农村人口流动频繁。随着人口逐渐空心化，农村文化也被空心化。首先，农村乡土文化日趋衰落，认同日益弱化。一方面，随着城市规模的扩张，农村大片土地被征用，具有几千年的农耕文明、自然景观、风土人情的传统村落逐渐在消失；另一方面，传承乡土文化的主体——青壮年在大规模地减少，他们在城市经历着再社会化，对农村生活的记忆逐渐淡化，对农村乡土文化不再感兴趣，认可度也在下降，并且靠拢现代文明，接受并内化城市文化。这种乡土文化载体的流失严重影响了农村文化的延续性和继承性。其次，农村公共文化服务供给不足，不能满足村民需求。一是农村乡土文化自我供给不够，内生动力不足。农村文化主体的缺位导致文化生态的失衡。在文化活动开展方面，由于乡村民间文艺能人流向城市，传统文化样式如唱戏、耍杂技、舞狮子、滚龙灯、逛庙会等文化活动无法开展；在文化需求方面，由于明显的代际差异，农村的留守老人、留守妇女、留守儿童对文化消费的欲望并不高，他们的主要文化生活方式是打牌、看电视等，很少开展其他文化活动，对参与农村公共文化活动也没有动力。二是外生公共文化服务供给缺失，不能满足农村居民的需求。农村传统文化日渐衰落，新的现代文化活动还未建立，政府主导的文化下乡活动同质性又比较高，大多是送书、送电影、送戏，与地方文化特色结合不够、吸引力不大，导致农村居民的文化生活比较枯燥、单调、乏味。近年来，受信息网络文化的影响，城市现代文化不断向农村渗透并强化，使得农村传统文化被边缘化，而城市现代文化逐渐成为主流文化。

五、农村社会服务组织空心化

农村社会服务组织在这里是指非政府组织，是弥补政府公共服务供给不足的公益性、互益性组织。它能够有效地整合社会资源，通过提供公共产品与社会服务，为农村居民提供服务，满足农民的生产生活需求，促进农村社会经济发展，维护社会公平和稳定，传承农村乡土文化。它是农民参与农村社区治理、增强农民归属感的重要渠道，也给农村居民提供了一种新的社会保障模式（高宜新 等，2008）。在农村空心化背景下，农村社会服务组织也呈现出空心化现象，主要表现为：一是数量少、发育迟缓。具有公益性、专业性的社会服务组织，如社会工作机构、助弱扶贫协会、志愿者协会、互助养老组织、法律援助协会、劳动就业协会等非常少，有的村几乎没有。农村留守老人赡养、留守儿童照顾、妇女权益维护、心理健康维护等问题，都需要相关专业社会组织提供个性化、专业化、多样化的服务。这些服务由于农村社会组织的缺失而缺失。二是已有的农村社会服务组织实力弱，发展困难。在农村社区中常设的社会服务组织如文体娱乐协会、红白理事会、老年协会、社区联防队、社区环境协会、秧歌队，舞龙舞狮队等，有的由于经费紧张，运行困难；有的由于人才缺乏，持续发展困难。加之农村社会服务组织得到的政府支持不足，提供的服务范围窄、规模小、层次低，社会影响力不大。可见，农村空心化程度越高，农村社会服务组织数量越少，农民参与农村公共生活的机会就越少，农村精神生活就越空虚，宗教迷信活动就会兴起和扩张。

六、农村社会服务设施空心化

要开展好农村社会服务，相关设施是必不可少的，它是农村社会服务的依托载体。农村社会服务设施是指为满足农村居民的需求而提供的公益性服务设施和服务行业的总称（李立清，2005）。农村空心化使原来相对集中的居住空间遭受破坏，人口外移，村庄败落，社会服务设施得不到保障。目前村庄的主要公共服务设施如村委会、商店、卫生所（室），主要满足农村居民日常生活的公共服务需求。一些公益性服务设施，如教育设施、文体娱乐场所、图书室、篮球场、运动场、健身器材等则相对缺乏，无法满足村民的需求（于静 等，2012）。一些村庄按照政府的要求建立了社区服务中心，但社区服务设施建设不均衡，整体质量偏低。政府在社会服务设施的投入上主要着眼于城市社区，相对忽视农村社区。目前公益性服务设施的供给基本上是政府与市场混合供给，但在范围和数量上都是极其有限的。一些经济情况较好的村，对公共服务设施建设的经费投入就大些，而一些经济情况较差的村，基本不会列支建设公益性服务设施，加之农村居民对公益性社会服务设施的有效需求不足，很多问题都是在家庭内由亲朋好友解决。因此，农村空心化与农村经济发展水平低，导致农村社会服务设施建设十分缓慢甚至停滞不前。

第四节　农村社会服务体系的构建思路

随着新型城镇化加速拓展，农村空心化加剧，农村居民的居住空间以“零散性”为特征，因此有“流动的乡村、碎片化的服务”之说，而居住空间格局调整影响着社会服务体系的变动（廖业扬 等，2015）。为应对变动的居住空间调整而出现的社会服务问题，农村空心化背景下的社会服务体系构建思路应为：以社区为载体，由政府、非政府组织、非营利组织、企业、社会公众等多方参与，整合社区医疗服务、养老保障服务、教育服务等，综合协调政府化、社会化、市场化供给机制，形成以社区为基础的多元化整合性社会服务模式，为农村社区居民提供合理的、有效的服务，增进社会整体、社区、家庭以及个人的福祉（彭华民 等，2006）。

一、构建以社区为基础的整合性社会服务体系

（一）社会服务的制度性整合

农村社区组织是政府的行政末梢，具有行政合法性，是实施政府部门各种社会服务制度和政策的承担者。社区作为自治组织，能够良好地促进政府与社会的有效沟通，整合协调政府的社会服务政策，比较公平地促进与农民相关的制度供给，实现农村利益的制度协调，确保社会服务制度产生更大的生产力、发挥更大的社会效益。对于随国家各种制度渠道而来的资金，社区可以在社区内实现共享与整合，不会发生资金的分散流失问题。同时，社区还可以用制度化的方式流转土地使用权而获得所需资金。社区民众对国家社会服务制度和社区服务公共产品供给的满意度也可以通过社区满意度体现出来。

（二）社会服务的功能性整合

社区作为自治组织，具有熟人社会特征，是农村居民相互依赖关系的协调者，是组织化的内生性机制的促进者，能够承担动员社区内各组织行动的任

务，能够有效地整合社区内各种资源，能够增强社区的凝聚力，可以维持社区的团结。在社会资源与服务供给上，社区能很好地实现政府与社区居民的对话与沟通，既能向上级部门反映社区居民的利益诉求，又能动员社会组织有效地满足社区居民的多元化需求，实现他们的个性化利益主张。

（三）社会服务的认同性整合

认同性整合是指在社区内的居民具有一致的价值观与信仰，也具有相同的社区文化。社区利益导向是居民认同性整合的有效机制。通过社区整合，社区居民得以共享社会资源与社会服务，村民的个体利益在社区得以协调，避免村民发生利益冲突（陈诚 等，2016）。社区整合可以提升村民个体的归属感与被认同感，激发个体的奉献意识，促使村民的社区合作精神增强、社区参与积极性提高，实现农村社会的和谐。

二、构建以社区为基础的多元化社会服务体系

随着工业化、城市化的迅猛发展，社会结构快速转型，城乡一体化程度不断提高，我国农村社区居民对社会服务的需求也越来越多并呈现出多元化的趋势。作为农村居民生活共同体的社区，是各类村民的聚集点以及不同利益关系的交汇点，也是各种社会组织的落脚点，因此社区成为社会服务的供给与管理的重要平台。福利多元主义者认为，应该由不同的部门一起负责社会福利的提供，政府不应是唯一的责任承担者，非营利组织、家庭、社区、个人也应该承担相应的责任（彭华民 等，2006）。多中心理论者认为，不同类型的社会服务应当由相应的供给主体承担，实现社会服务多元化主体的分类供给。因此，在农村空心化背景下的社会服务体系，应构建以社区为基础，政府、市场、社会共同承担社会服务的多元化格局。

（一）社会服务主体多元化

在农村社会服务供给中，政府不应是唯一的主体，应由原来的政府这一单一主体向承担服务提供工作的多元化主体转变，即服务主体多元化。农村社

会服务要依托社区，以基层政府、社会组织和村民为多元主体，充分挖掘各方资源，组织动员全社会加入社会服务工作的行列。政府应该是社会服务的规范者和购买者。政府要加强法律法规的建设，督促全社会成员参与农村社会服务，要在物力、财力等各方面支持农村社会服务。范和生等（2016）认为：“多元差异化供给模式就是整合政府、市场、民间组织、社区以及农民的力量，实现优势互补、协调合作，为广大农民提供满足其需要的、个性化的公共服务。”总之，要想满足农村居民的社会服务需求，必须构建一个以社区为基础，由政府、社会组织、村民和志愿者共同参与的多元化社会服务体系，以实现农村社会服务的良性运行，推动农村社会服务的发展。

（二）社会服务供需多元化

就农村社会服务需求来说，其总量在日益增长并呈现出多元化特点，如农村老人有经济援助、生活照料、精神慰藉、医疗保健、心理疏导、社会融入等多方面的服务需求。多元化需求就需要多元化服务，分类供给。因此，社会服务要以社区为基础，应对农村多元化需求，多方式、多渠道、多途径地吸引社会各界对农村留守人群的爱心奉献，积累更多的优质社会资本，开展多手段、多类别、多主体参与的社会服务，以实现经济保障、服务保障、精神保障（廖鸿冰，2010）。

（三）社会服务机制多元化

在农村社会服务机制方面，要“三化”齐下，合力推进。在农村多元化社会服务发展的过程中，要充分运用好行政化、社会化、市场化三种运行机制，综合协调、相互补充（王媛媛，2010）。多元化发展的社会服务要求在原有行政化机制上适应“小政府、大社会”的趋势，结合社会化机制，将政府权力逐步向社会转移，扩大社会参与面，引入市场化机制，推动政府购买社会服务，实现社会组织、村民、志愿者等多方参与的机制，变原来的政府单向服务为多向服务，综合协调社会服务的三种机制、三种方式，互相补充，共建互动，推进农村社会服务的健康发展。

三、构建以社区为基础的“三社联动”的社会服务体系

“三社联动”是指在提供社会服务上，要以社区为平台，以社会组织为载体，以专业社会工作者为骨干，彼此互联互动、互嵌互补。社区、社会组织、社会工作者是社会服务的基层力量、基础元素，也是农村空心化下社会服务的有效载体。社区是农村居民的生活共同体及社会需求的交汇点，以社区为平台开展多元化社会服务工作，可以整合社会资源，汇聚社会组织，吸纳专业社会工作者，能够有效实现社会服务与社会治理。社会组织是提供农村社会服务的一支重要力量，是政府和村民之间的“平衡器”，能够在经济、社会、文化等领域提供咨询、辅导、管理等全方位的社会服务。专业社会工作者是农村社会服务的润滑剂，是社会稳定的“减压阀”，能够运用个案、小组、社区等社会工作专业方法为农村留守人群、空巢家庭、空心村落等提供系统化、专业化的服务（廖鸿冰 等，2014）。农村空心化下有效开展社区、社会组织、社会工作者“三社联动”是现实所需。“三社联动”能更加彰显社会活力。村民通过参与社区与社会组织活动，更能够发挥主人翁作用，增强社区建设力量，也满足自身需求。社会工作者在“三社联动”平台中也能更好地发挥专业优势，在缓解社会矛盾、满足村民多样化需求方面，助力社会治理发挥更加积极的作用。

第五节　结　　语

因快速推进的工业化和城镇化而产生的大规模人口流动促使城乡居住空间变动，对社会服务体系提出了新的挑战。如何设计社会服务体系才能促进民生，有利于社会治理，是解决“三农问题”、促进农村经济社会发展的十分紧迫的大事。但是，许多学者在激烈讨论农村空心化时，重点讨论了人口空心化与聚落空心化，而对农村社会服务空心化的探讨显得不足，仅仅讨论了农村公

共产品的供给层面。城乡二元结构的存在，导致城乡的社会服务供给严重不均。在社会转型及城镇化发展时期，农村社会服务的缺失尤其严重，留守群体的多元化需求无法满足。这就要求国家围绕新农村建设，大力发展农村社会服务，创新和完善以农民需求为导向的农村社会服务体制和机制。因此，笔者提出要构建以社区为基础的多元化、整合性的社会服务模式，调动政府、市场以及社会的力量调整性建设社会服务体系，进而促进以社区为基础的整合性社会服务体系的建设；在满足村民需求方面，需建立一支农村社会工作人才队伍，设立农村社会工作岗位，推进“三社联动”，针对空心村落、空巢家庭、留守人群等，通过政府购买社会组织服务的方式，将农村居民的多元需求转化为具体服务项目，实施专业化、个性化的服务，让社会工作成为推动农村社会进步和经济发展的一支重要力量。

第十二章　以社区为基础的政府购买社会服务研究

第一节　问题的提出

随着改革开放的深入与城镇化的快速发展，人口流动与居住空间的变动使社会服务与社会治理产生了深刻的变化。社会结构转型时期，政府逐步由管理型向服务型转变，旨在建立一个高效且以人民利益为根本的服务型政府，基层社会治理结构亦逐渐向多元化均衡发展。随着我国经济快速发展，人民的需求日益增加并呈现出多样化的形态。在推进社会治理创新的过程中，政府购买社会服务成为我国社会服务与社会治理创新的重要策略。政府购买社会服务成为转变政府职能和创新社会治理的重要举措。随着单位制的解体，社区逐步转型为基层治理体制的主要载体，因此以社区为基础的政府购买社会服务，是在政府坚持以人为本、积极关注改善民生的前提下的一种社会福利制度的创新，是一种社会治理的创新和制度化选择，也是为社区提供社会服务的重要途径。20世纪中后期以来，随着推崇服务型政府与多元治理等理念的政治社会学说与社会运动的兴起，世界先进国家的治理与服务方式发生了不同程度的变革。其中值得关注的是，政府向社会组织购买社会服务等新型治理服务方式得到了有效发展，社会组织成为一支举足轻重的社会治理与服务力量。这一全球性社会变革潮流对当代中国的社会治理体制改革与政治关系的调整也产生了深远的影响。

准确地说，政府向社会组织购买服务已经成为当前实行简政放权和治理变革的实践尝试和制度设计，更是加强公共服务供给能力、加快社会事业转型的重要路径选择。当前如何针对不同类型的居住区推进政府购买社会服务，提供专业社会服务；如何服务流动人口和特殊人群，以减少社会矛盾、维护社会稳定，已经成为创新社会服务与社会治理的一个重大课题。

第二节　政府购买社会服务的历史演进

一、西方国家政府购买社会服务的发展历程

政府购买服务制度起源于西方国家，是在整个西方福利变迁进程中诞生的。19 世纪 30 年代初，西方资本主义国家为了应对全球经济危机、经济大萧条，实施了社会福利制度改革，建立了以养老、工伤、健康、失业保险为核心的社会保障制度（彭少峰，2017）。受凯恩斯经济理论的影响，政府开始承担社会福利责任，干预经济和社会生活的范围和力度不断加大，社会福利开支水平不断提高，覆盖面不断扩张。比较典型的是以《贝弗里奇报告》为标志，政府通过干预，降低失业率，消除贫困，实行普遍福利型政策，有效弥补“市场失灵”的缺陷。在当时这种福利国家模式下，政府统揽了社会福利供给，非政府组织还没有被纳入社会福利供给体系中来。直到 20 世纪 70 年代中期停滞性通货膨胀和石油危机的出现，使得福利国家危机开始显现，政府财政持续恶化，经济发展受到抑制，失业率居高不下，社会政治不稳定，民众产生“福利依赖”的消极社会情绪。正如吉登斯（Giddens）直言不讳地指出的，“福利国家削弱了个人自立与进取的精神，而且在这个自由社会秩序上酝酿出某种一触即发的怨恨”（彭少峰，2017）。人们开始反思这种普惠性福利政策的合理性以及政府福利责任的边界。在此背景下，以英国、美国为代表的国家一方面缩减令其不堪重负的福利支出，改革社会福利制度，将政府承担的社会福利责任，部

分转移给地方或第二、第三部门；另一方面，转变政府职能，政府从社会福利供给者和生产者转变为社会福利的购买者、规范者和评估者。面对日益多元的社会服务需求，政府通过政府购买服务的形式来寻找与非政府组织的合作，实现社会福利责任及供给主体从政府到社会组织的深刻转型。这种将政府购买服务纳入提供社会福利的范畴，弥补了在社会福利上政府包揽或“政府失灵”的缺陷。在这样的历史背景下，政府购买社会服务便产生和发展起来，而且成为当今发达国家的一种趋势。

“市场失灵”和“政府失灵”理论证明，对于民众日益多元化的社会服务需求，任何主体都无法单独应对。社会服务多元主体合作已经成为提供社会服务的重要途径。在新公共管理理论的指导下，各国开始由全能型政府转向服务型政府，简政放权，实现“政府本位”向“社会本位”的转变。奥斯本等（2006）提出了“企业化政府”的倡议，建议引入竞争机制，结束政府垄断社会服务的局面，给予民众更多的选择，构建政府掌舵、私人部门划桨的治理格局。格兰德（2010）也主张引入“竞争与选择”机制，由政府出资购买社会服务，而民众则自由选择政府购买的服务。在西方国家社会福利领域中，20世纪90年代末期出现过“政府失灵”和“市场失灵”现象，西方开始转向了一种超越传统左派（传统社会民主主义）和新右派（新自由主义）的积极福利制度和政治纲领——“第三条道路”。它把社会正义作为关注的核心，通过建立社会福利与保障制度来实现社会正义，主张福利平等与经济自由同等重要；政府不应完全垄断社会福利，应与社会组织一起合作提供；政府应从管理型转向治理型，重视社会组织参与社会治理，与社会组织合作开展福利服务，充分发挥政府对社会组织的引导、监督作用。英国布莱尔和德国施罗德执政后，更加重视政社伙伴关系，开展社会服务。1998年，英国政府出台了《政府与志愿及社区部门关系协定》，重构了社会福利领域中政府、社区、社会组织、家庭及个人的角色。由此，各国越来越倾向于一种公私部门之间的“合作治理”，以应对日益复杂化、多样化的福利需求（敬乂嘉，2009）。

政府通过实行社会服务市场化，向社会组织购买服务，采取竞争化、契约化的措施，促使社会组织分担社会服务责任，以减少财政开支，提高社会服务水平。这一制度设计强调购买者与生产者的分离，标志着传统福利国家转型为能促型国家。在政府购买服务的质量管理上，政府通过对服务生产者的服务过程进行检测、评估，规范其行为，由购买者、民众及服务对象判断其表现优劣，同时由服务生产者定期向购买者汇报服务情况，形成持续改善的动力。政府购买服务已经成为一项社会治理创新机制，各国社会福利支出水平就此日益提升，社会福利和覆盖面日益扩张，而运用市场机制向社会组织购买社会服务也逐渐成为主流。

二、中国政府购买社会服务的历史演进

改革开放前，在计划经济体制下，我国社会服务主要由政府直接提供，政府掌控着社会服务。政府既是社会福利的“生产者”，也是社会福利的“提供者”，资源配置效率较低，公共组织机构臃肿，财政负担日益加重，社会福利服务难以满足个性化的民众需求，政府的供给与民众的需求之间出现了偏离，往往只能满足部分需求。美国专家萨瓦斯（Savvas）认为，政府提供的服务通常成本高而质量差，其原因并不是政府部门雇员的素质比私营部门雇员的差，问题的实质在于服务的提供是垄断性的还是竞争性的（李崇义，2011）。改革开放后，经济的快速发展，使我国的综合国力不断增强、人民群众生活水平不断提高，民众对社会服务的需求急剧增长且日益多样化。随着社会体制改革进程的不断深化，在20世纪80年代中期，民政部门提出了“社会福利社会化”的思路。在进入21世纪后，中国进入了老龄化社会，解决养老问题被提上日程。

政府购买服务政策的出台，勾勒了政社合作治理格局的实践形态，为社会组织有序参与社会治理开辟了一条新道路。服务型政府与多元治理等概念被提出后，社会治理与社会服务方式发生了变化，政府承担的社会事务开始不断减

少，逐渐将社会服务项目转移给社会组织承担。政府向社会组织购买社会服务，实现了社会治理结构的变迁，使社会组织成为社会治理的一支重要力量。政府购买社会服务成为社会转型时期政府管控向多元化均衡过渡的社会治理结构变革的实践尝试与制度设计。这对解决市场经济体制下的社会结构多元化与利益群体多样化所导致的日益增多的社会问题、社会矛盾与社会冲突具有现实意义。

在过去的几十年里，随着我国社会治理结构的变化，政府购买服务的方式也逐渐发生了变化。一是政府购买社会服务由隐性购买向显性购买发展（张海 等，2013）。在政府购买社会服务的过程中，契约化程度得以提高，政府的购买范围与购买行为日渐规范化，政府与社会组织之间的购买关系也日渐显性化。二是政府购买社会服务由非竞争性购买向竞争性购买发展。由于此前政府对社会服务资源进行管控，要完成社会服务的任务主要是由政府指定社会组织来实施，终结了政府管控社会服务的局面，政府开始向多家社会组织竞争性购买社会服务，使政府购买社会服务的机制成为一项社会治理创新机制。三是社会治理结构由政府的“独角戏”向多元化均衡发展，社会治理结构不断发展变化。作为社会治理的一项重要机制，政府购买社会服务从过去重量轻质逐渐向质量并行发展。同时，社会服务也从过去的以政府为主体来提供服务向问需于民、多主体参与发展。这些变化规范了政府的购买行为，促进了社会组织的健康发展，优化了社会治理结构体系。

第三节　政府购买社会服务的内涵

在研究政府购买社会服务问题时，我们必须弄清楚政府购买社会服务的内涵。许多研究将政府向社会组织采购服务看成是政府购买社会服务，这是对政府购买社会服务的一种狭义的理解。如果这样，政府购买社会服务在庞大的社会服务体系中就微不足道了，所起的作用只能是拾遗补阙。那就意味着，如果政府不出钱，社会组织就不能进入社会服务领域，这将使构建政府购买社会服务体系对社会治理结构多元化产生的推动作用难以奏效。因此有必要从重塑社会服务体制与机制出发，对政府购买社会服务做进一步的讨论。

对于政府购买社会服务的界定，学术界一致认为，政府购买社会服务是指政府利用财政资金采购，由社会组织提供社会服务，由社会民众享受社会服务。国外学者大多将政府购买社会服务界定为公共服务合同外包，即政府与社会组织通过签订承包合同的形式来提供公共服务。在公共服务中，“合同外包”普遍存在（萨瓦斯，2002）。美国学者西蒙•多姆伯格甚至把合同外包视同民营化（Domberger，1998）。还有学者认为，公共服务外包就是由私人承包商提供公共服务，政府提供资金支持而不再承担服务的生产者和提供者的角色（高芙蓉，2015）。国内学者则是以政府购买社会服务或公共服务来定义政府购买社会服务，并且大部分学者认为政府购买社会服务的内涵包括以下内容：政府是购买社会服务的委托主体，各类社会组织则接受政府的委托成为受托者；政府为履行提供社会公共服务责任的职能而出资购买社会组织的服务，并承担资金筹集、业务监督、考评绩效的职责（罗观翠 等，2008）。

我们认为，政府购买社会服务，就是政府根据社会服务事业的发展需要，通过合同购买的方式，把尽可能由社会组织提供的社会服务交由具备相应资质的社会组织按要求提供社会服务，政府则按照一定的标准评估履约情况，给予社会组织相应的财政支持，以提高财政资金的使用效率，提高社会服务的质量和水平。

随着我国改革的不断深入、社会治理结构的变迁，政府购买社会服务应以社区为基础开展，因为社区是政府的行政末梢，具有行政合法性，是政府部门的各种社会服务制度和政策的承担者；社区更是农村居民的生活共同体及社会需求的交汇点（廖鸿冰 等，2017）。政府购买社会服务的主要内涵为：从服务主体来看，政府购买社会服务的主体一般为社会服务机构；在服务内容上，政府购买的服务项目一般涉及养老、托幼、教育、公共卫生以及社会工作、环境保护、社区发展等社会服务与社会治理项目；在服务方式上，政府是社会服务的购买者和监督者，社会组织是社会服务的生产者和实施者。实践表明，以社区为基础的政府购买社会服务契合居民服务需求，专业化社会组织在提供社会服务上有更大的优势，更能满足精细化、专业化、多元化要求（程艳彬 等，2015）。

第四节　政府购买社会服务的理论依据

实施一种新的制度，要有一定的理论依据。政府购买社会服务产生于20世纪80年代，因欧美发达国家运用这种新的社会服务方式取得了较好的效果而日益得到发展。我国20世纪90年代在上海、深圳等地开始尝试政府购买社会服务，产生了很好的社会效益。进入21世纪，我国将政府购买社会服务由试点转为逐步在全国各地推行。关于政府购买社会服务，很多学者开始从国内外的理论中寻找理论支撑这一政策的合理性与必然性。

一、有限政府理论

洛克（1964）在他的《政府论》中阐述了有限政府理论。他以社会契约理论为基础，以天赋人权为核心，追溯了政府的起源与目的，从而提出了有限政府理论。洛克认为，个人、政府和社会都有各自不同的权利与活动空间，任何一方都不允许他方介入自己的领域或取代自己的权利。各方的权利是有限的，不能越权，只有这样，个人、政府和社会才能和谐共处。“无限政府是一种专制制度，这种制度下，个人不能独立，社会秩序混乱；而有限政府则相反，它追求的是一种自由民主公平的制度”。（詹福新 等，2005）社会服务领域要依据有限政府理论，对个人、政府和社会之间的关系进行合理分配。在有限政府理论视角下，政府应给予个人与社会一定的活动空间与权利，主要做社会服务的购买者、评估者和监督者，由社会向民众提供社会服务。有限政府理论给我们的启示，就是要强化社会民众的力量，调整政府职能体系，不断完善政府的监管职能，同时也要制约政府的权力，实现政府与社会的良性互动与协调发展。可以说，政府购买社会服务正是洛克的有限政府理论在实践中的重要体现。

二、合作主义理论

20 世纪 80 年代以后，合作主义理论开始在社会科学领域中被用来解释社会政策以及政府与社会的关系，还被用来解释社会结构。近年来，中国学者也用合作主义理论来解释中国的社会发展。合作主义理论对社会福利制度、社会民生建设等起到了合理的解释作用。毫无疑问，合作主义理论也是政府购买社会服务的主要理论依据。合作主义是一个利益调解系统，这个利益调解系统代表着利益组织成员的利益，对其成员具有调解的功能。“合作主义是用一种结构将公民社会中的组织化的利益与国家决策机构进行结合，将组织利益渗透进国家利益”(徐敏敏，2007)。在合作主义理论的指导下，国家与社会组织是互动合作、互相协调、相互支持、相互发展的。政府介入社会组织起到了强制性的平衡作用，通过与社会组织合作达到相对均衡，而这是一种整合性均衡。合作主义十分强调合作。依据合作主义理论，政府购买社会服务是一种政府与社会组织合作的具体体现。社会组织通过承接政府购买的服务项目，可以整合各种社会利益达到政府所要求的标准，同时可以利用政府购买社会服务这样的机会获得自身的发展和社会的认可，政府也在这一过程中可以吸纳更多的优秀社会资源为自己所用，这就是合作主义的关键所在(邓伟志 等，2006)。

三、嵌入性理论

嵌入性是新经济社会学在具体阐述其观点时用到的一个概念，最早由美籍匈牙利学者卡尔波兰尼(Karl Polanyi)提出(廖鸿冰，2011)。他认为经济是嵌入社会之中的，人类的交换不仅是经济利益的交换，还有社会利益的交换(卡尔波兰尼，2007)。不过卡尔波兰尼对嵌入性没有给出明确的定义。对嵌入性进行更系统和更具体分析的，是格兰诺维特(Granovetter)。他认为：“经济活动是嵌入社会关系或者是社会结构之中的，这种嵌入的前提是关系信任”（格兰诺维特，2007）。他还将嵌入性划分为两种，即关系性嵌入和结构性嵌入。王思斌（2011）也对嵌入性理论进行了深入的讨论。他指出，中国社会工作发展是嵌入性发展，将嵌入性解释为“一个事物进入到另一个事物之中的过程和状态”。徐道稳（2010）在谈到社会工作发展模式时强调嵌入模式，指出“嵌入模式是指社会工作作为新兴事物，从现有的体制外切入，进而成为社会结构不可缺少的有机组成部分”。嵌入性理论已经得到许多专家学者的认可和广泛使用，成为分析经济社会现象的一种视角和理论工具。政府购买社会服务的发展过程非常符合嵌入性发展视角，社会组织嵌入政府购买社会服务中成为社会服务的生产者，政府成为社会服务的购买者、评估者和监督者。政府和社会组织在结构、制度、功能等方面是一种相互合作、相互渗透和相互影响的状态。

四、新公共管理理论

政府购买社会服务可以用新公共管理理论作为解释的理论依据。新公共管理理论以改善政府公共管理为宗旨，打破政府僵化的官僚主义与机制，将企业的竞争机制、专业化的企业管理经验运用到公共管理中，以改变政府公共管理效率低下的局面，强化公共事务管理者的责任，让政府的资源实现有效利用和开发。依据新公共管理理论，政府在社会服务领域中购买社会服务时，应根据民众对社会服务需求的多样性与复杂性，引入合理的市场化竞争机制。政府以契约的形式向社会组织购买社会服务，让社会组织承担社会服务生产者的职能。此举能转变政府职能，激发市场活力，改变政府作为社会服务单一供给主体的身份，实现公共管理的灵活与高效。在社会服务的实施效率方面，社会组织相较于公共部门而言，其优越性是显而易见的。新公共管理理论强调社会服务的多主体参与，以满足社会民众的多元化需求。社会组织应成为社会服务的供给者，政府则应转变角色，成为社会服务的购买者、监督者与评估者。在新公共管理理论指导下，传统模式中政府与社会之间的关系发生了改变，政府不再是提供社会服务的官僚机构，而是高效率地为社会民众提供更好的社会服务，以公众为本，满足他们的服务需求的公共事务管理者。

第五节　政府购买社会服务存在的主要问题

政府购买社会服务作为一种新模式，在我国还处于探索阶段，在实践过程中虽然积累了一些有益的经验，但是也出现了不少问题，主要体现在如下几个方面。

一、政府购买社会服务在认识上存在偏差

政府购买社会服务在我国是一项社会治理制度的创新，但是目前人们对政府购买社会服务的认知度并不高。一是一些政府部门习惯于将社会服务的提供这项工作交给本部门或下属的事业单位。在计划经济体制时期，社会服务都由政府直接提供，一些领导干部习惯用这种传统思维方式提供社会服务。这导致基层政府长期承担过多的公共服务工作。每当上级政府下达任务的时候，基层政府为了完成上级政府下达的任务，应对考核，提高政绩，往往得增加政府机构、扩充编制、扩大人员规模或是追加开支。这无疑使得政府机构臃肿，人浮于事，资金紧缺，社会服务效率低下。二是社会民众对社会组织缺乏信任。社会组织在我国起步较晚，发展十分缓慢。社会民众受传统价值观影响，形成了思维定式，他们对社会组织了解不够、缺乏信任，使得社会组织不被他们接受和认可。民众担心社会服务由社会组织来提供，会使社会服务供给缺乏公正性。三是一些政府官员对政府购买社会服务相关理论研究认识不足。例如，对于如何界定政府购买服务的产品范围、有哪些政府购买服务的方式、如何监督社会组织的服务过程、如何评估社会组织提供的服务质量等问题研究较少、认识不足，导致有些官员消极对待甚至抵制政府向社会组织购买社会服务。

二、政府购买社会服务在运行机制上存在不规范问题

20 世纪 90 年代，政府购买社会服务这种模式传入我国，到目前还是处于探索阶段。我国政府对于政府购买社会服务的行为还没有法律法规来统一规范。虽然 2013 年国务院办公厅出台《关于政府向社会力量购买服务的指导意见》，2015 年国务院办公厅转发文化部等部门出台的《关于做好政府向社会力量购买公共文化服务工作的意见》，但这些文件都只是原则性的规定，没有提出具体的政府购买社会服务的实施细则，可操作性不强。现有的《中华人民共和国政府采购法》只规定了政府对工程项目或大宗货物的采购，没有对政府购买社会服务的相关规定。一些城市如北京、上海、广州、深圳虽然也制定了政府购买社会服务的相关法规或条例，但对政府购买社会服务行为的指导性和可操作性不强。由于政府购买社会服务的政策和法律存在缺陷，政府购买社会服务的各个环节缺乏正确的决策，没有统一的选择依据与标准，难以衡量政府购买社会服务的对象，且政府部门自主权过大，由部门领导决定承接方，政府的随意性较强，对政府购买社会服务质量的评估与监管也难以有效实施。

三、社会组织的发展存在障碍

社会组织自改革开放以来获得了较大的发展，在社会经济事业发展、多元化的社会服务、社会治理等方面发挥了重要作用（廖鸿冰 等，2017）。然而社会组织的发展相对于其他领域的发展还存在一些障碍。

（1）一些政府官员对社会组织的认识存在偏差。一些政府官员对社会组织的认识是复杂的、敏感的和矛盾的，有的还带有歧视的心理。他们担心社会组织成为社会服务提供者，甚至有些政府官员消极对待或者阻止政府向社会组织购买社会服务。

（2）社会组织自身的社会责任意识受到质疑。部分社会组织规模小，社会影响力小，还处于低水平发展阶段，在社会治理中发挥的作用非常有限，社会责任意识、社会服务意识和自身发展意识也不强。受现实条件的制约，一些社

会组织的能力有限，很难承担起提供优质社会服务的责任。

（3）社会组织自身管理不规范。有些社会组织制度不健全，运作不规范，法治意识不强；有些社会组织财务制度不完善，资金使用不规范，没有监督机制；有些社会组织服务成效较低，民众满意度不高，专业化水平较低，难以承接政府购买服务，在社会治理方面发挥的作用有限。

四、政府购买社会服务的制度实践存在与多元社会治理结构脱节的问题

作为一种社会治理创新模式的政府购买社会服务，应以新时代社会主要矛盾为背景，满足居民需求，倡导社会性价值，激发社会组织活力，推动社会组织参与社区治理，实行社会治理结构的变迁，使社会组织与社区自治、多元共治的制度网络有机对接，通过“三社联动”，形成社区治理与服务格局。但目前政府购买社会服务的制度实践存在与多元社会治理结构脱节的问题。一方面，政府购买社会服务的决策体制内化。政府购买社会服务在很多情形下是在行政体系内完成的，购买的社会服务的内容往往由政府部门决定，缺乏基层自治、多元共治、与政府部门紧密联系的对接机制。这种以行政治理目标为导向的购买逻辑决定了政府部门有很大的自由裁量权，体现了行政体系内的压力传导机制。这影响了购买决策的重要因素，使得社会组织的发展与社区自治能力的培育之间处于一种割裂的状态。另一方面，在承接服务的过程中，社会组织与社区治理多方主体间的关系缺乏一种有效的制度性确认。当前我国在社会治理实践中大力推行“三社联动”机制，但基层政府没有形成较好的制度安排，社会组织、社区居委会以及其他治理主体没有得到很好的联动，大多各行其是，协同治理格局难以形成（黄晓春，2017）。

五、承接政府购买社会服务的社会组织在专业化发展方面存在瓶颈

现行的属地分割、投入模式碎片化的政府购买服务制度对社会组织高质量发展有着一定程度的影响。一是社会服务项目导向难以使社会组织获得专业化发展。由于基层政府各自为政，社会服务项目实施周期短，一般为一年。各社

会组织为投标奔波，且不同层级、不同部门购买社会服务没有形成高水平的整合与协调机制。这种项目导向的政府购买社会服务，使得社会组织无法在自己的专业领域长期经营与发展。二是社会组织的专业人才不足。我国社会组织发展较晚，成长比较慢，大多专业性不强。随着社会治理结构的变迁，社会发展越来越需要社会组织参与，越来越需要专业人才介入。社会组织承载着对购买者或捐赠者、服务对象和自身的职责与使命，但很多社会组织缺乏专业人才，在实施政府购买社会服务行为的过程中影响了服务效果。为增强社会服务的专业性，社会组织加强专业人才培养已经势在必行。三是社会组织普遍规模小，难以吸引专业人才。政府购买社会服务是一种社会治理的创新，但这种属地分割的投入与扶持模式导致属地的社会组织始终维持在较小规模，社会组织难以形成长期发展战略。

六、政府购买社会服务的评估与监管机制存在缺陷

科学的评估与监管是规范政府购买社会服务行为的重要基础和可靠手段。这种评估与监管包括对承接政府购买社会服务的社会组织的选择，购买社会服务的资金的使用，以及社会服务的效果与效率等的评估与监管。政府购买社会服务的效果如何会直接影响到社会服务的质量、政府职能转变所发挥的作用以及政府购买社会服务模式的持续推进。目前政府购买社会服务的评估与监管机制还不够完善，虽然各地政府出台了政府购买社会服务的评估与监管的相关制度，但大都过分强调原则性，忽视或缺乏科学性和准确性。

(1) 在评估与监管主体上，主要以主管单位为主，对遴选社会服务组织存在重审批、疏监管的现象，接受社会服务的民众很难参与其中，其评估真实性和客观性比较弱，主管单位没有发挥有效的作用。

(2) 在评估与监管内容上，主要以社会组织本身为主，对政府购买社会服务的财政资金使用没有设置合理分配的范围，对社会服务的质量难以评价。

(3) 在评估指标设计上，对社会服务的各项指标所占的权重缺乏科学的配

比，指标设计比较随意。第三方评估专业机构独立参与政府购买社会服务的评估，难以保证评估的科学性。

第六节　以社区为基础的政府购买社会服务实施策略

社区作为一种地域社会共同体，是最基础的社会组织，也是社会治理的基本单位。社区在促进社会治理方面具有天然的优势，是落实政府惠民政策的"最后一公里"的关键。以社区为基础的政府购买社会服务是一项以基层社会治理为核心使命的治理机制的创新，更是适应社区服务专业化和居民需求多元化而产生的一种新型的社区服务供给方式（程艳彬 等，2015）。以社区为基础的政府购买社会服务，在服务的专业性、科学性、契合居民服务需求方面有更大的优势，是基层社会治理创新理念下社区服务精细化要求的体现。因此，构建以社区为基础的政府购买社会服务体系可以提升社区治理水平，满足居民多样化的需求，促进社区的可持续发展。

一、构建以社区为基础的政府购买社会服务的理念

政府购买社会服务作为基层社会治理的一项制度安排，被许多国家确定为一项重要的社会服务供给机制。社会服务供给需求的配给方式、社会治理方式以及社会服务内容选择，需要社区、家庭、社区居民等各方的大力协助。我国在推行政府购买社会服务的实践探索中，已经取得了积极的进展，但是随着我国各项改革的不断深入、经济的快速持续发展，社会结构深刻变化，社会民众对社会服务有着强烈需求（廖鸿冰 等，2017）。政府购买社会服务面临着种种困境，受到了更为宏观乃至深层次的结构性的约束，其背后反映了社会价值理念问题。因此我们应该提高认识、转变理念，为政府购买社会服务打牢思想基础。

（一）树立服务型政府理念

转变政府职能与建立服务型政府是实施政府购买社会服务最重要的思想

基础。要改变以前政府集社会服务提供者和生产者于一身的大包大揽的传统观念，将社会服务的提供者和社会服务的生产者明确区分开来。政府应积极主动地回应社会民众的需求，转变制度理念，采取有效措施，向社会组织购买社会服务，将服务的提供者交由更具专业性的社会组织来完成。这样可以花同样的钱办更多的事，更好地履行政府的职责，更充分地满足公众的需求，使有限的政府投入实现社会效益最大化。

（二）树立多中心治理理念

当前政府购买社会服务的模式中，存在着各层级、各系统的碎片化现象，政府要在治理的大框架下考量社会服务的供给，改变传统的、单一的、自上而下的威权管理模式，实践现代社会治理模式，针对不同人群和服务特征，制定反映社会各阶层意愿、需求、利益的有效社会政策，谋求多中心治理的社会服务供给，形成一种自下而上的“需求回应”和上下结合的“需求治理”（彭少峰等，2013）的互动局面，使政府和社会组织优势互补、协同一致、多元供给。

（三）确立契约性理念

政府购买社会服务为构建政社关系提供了新的契机。在政府购买社会服务的过程中，政府和社会组织应该是平等合作的伙伴关系。但是目前在社会服务领域中仍然存在政社不分、信任缺失等问题，使政府与社会组织的合作关系受到了严重影响。在政府购买社会服务的过程中，要建立平等、互信、合作的政社关系，关键在于构建以契约性为核心的政社关系（彭少峰 等，2014），用契约规范政府与社会组织双方的责任，减少随意性，增强刚性约束。契约责任是政府购买社会服务的实质，意味着政社双方的约定与承诺，闪烁着法治的光芒。契约理念是政社关系中所蕴含的一种平等、合作、信任的精神。契约合作为健全与推广政府购买社会服务制度提供了一种新的发展取向。

二、构建以社区为基础的政府购买社会服务的策略

社区组织是政府的行政末梢，是政府部门各种社会服务制度和政策的承担

者。社区作为自治组织，能够促进政府与社会的有效沟通，整合协调政府的社会服务政策，比较公平地促进与社区居民相关的制度供给。政府购买社会服务是适应社区居民需求多样化的供给方式。因此推行以社区为基础的政府购买社会服务，能够实现社区居民利益的制度协调，确保政府购买社会服务制度产生更大的生产力、发挥更大的社会效益（廖鸿冰 等，2017）。

（一）建设服务型职能政府，增强政府购买社会服务的意识

服务型政府是区别于过去的全能型政府、有限型政府的一种政府模式，强调公民本位、社会本位，以服务人民为天职，以社会发展和人民利益为根本出发点。服务型政府强调合理分权，完善政府治理，优化政府结构。在当前推进的“放管服”改革中，政府应立足于“放”“管”，着眼于“服”，奉行人民利益至上原则，加快政府职能转变，建设服务型政府，促进政府治理体系和治理能力现代化（章露露，2019）。政府购买社会服务，既是政府职能转变的重要体现，也是一项社会治理机制创新。以社区为基础的政府购买社会服务是基层社会治理创新理念下社区服务精细化要求的体现，是我国建设服务型政府的必然要求。因此政府要转变理念，提高认识，推行政府购买社会服务，回应社会和民众的基本需求，实现社会公共利益的最大化。政府应不断创新和完善社会服务供给方式，发挥社会服务的效能，激发基层社会的活力，重构社会服务体系。

（二）建立多元化服务支持网络，形成整体性政府购买社会服务体系

社会服务供给主体多元化是以社区为基础的政府购买社会服务体系的核心。社会民众对社会服务需求的多样性与复杂性，决定了政府不应是社会服务提供唯一的主体，迫切需要多主体参与，即服务主体多元化。社会服务要依托社区，以基层政府、社会组织和社区居民为多元主体，充分挖掘各方资源，组织动员全社会加入社会服务提供者的行列。政府购买社会服务是一个非常复杂的过程，涉及多层级、多部门、多平台的问题，需要一个有效整合的机制，才能实现社会服务有序供给，避免社会服务供给中出现碎片化、制度分割、多重

约束与发展失衡等体制性矛盾（彭少峰 等，2013）。各部门应从全局出发，充分协调、明确权责，构建以结果为导向的行动一致的整合机制。应建立一个统筹政府购买社会服务的管理中心，防止碎片化权力分割，避免减弱社会组织的专业性、灵活性和自主性，使政社合作关系协调稳定发展。因此，建立以社区为基础的整体性政府购买社会服务体系，就要坚持贯彻整体性理念，整合跨部门、跨平台的协调与沟通机制，有效利用资源，激发基层社会活力，形成社会服务供给多元主体既相互制约又高度协同、既相互依赖又具独立性的良性格局（彭少峰 等，2016）。

（三）转型时期，将政府购买社会服务作为我国创新社会治理与国家治理现代化的重要策略

应坚持以人民为中心的理念，在发展经济的同时，不断增进人民的福祉。政府购买公共服务制度改革，经过多年的探索与发展，迫切需要进入一个可持续的稳定发展阶段。那么构建何种政社关系，才能够促进政府购买社会服务的长足发展呢？克莱默（Clymer）和萨拉蒙（Salamon）认为，在公共服务供给中，政社关系的理想形态是“合作伙伴”，强调政府、社会和公民责任共担、共同决策，而不是政府单方负责和自上而下地执行决策（敬乂嘉，2011）。政府购买社会服务引入市场竞争机制后，许多社会组织进入社会服务领域。政府与社会组织在政府购买社会服务中所承担的角色和地位发生改变，彼此通过“契约化”关系展开合作，相互依赖，边界清晰，改变了过去政府包办的、单一的社会服务供给模式。应构建以契约性为核心的政社关系，从制度和法治上保障政府购买社会服务的良性运行与持续发展，降低社会服务的成本，提高社会服务的质量，契合社会民众的实际需求和政府以人民为中心的宗旨。

（四）建立“三社联动”机制，推动政府购买社会服务供给侧改革

社区是社会治理和社会服务的基本单位，社区治理是国家治理体系的基础，而社区服务是落实政府惠民政策的“最后一公里”的关键。近年来，我国

大力开展“三社联动”，实行服务型治理。这种治理模式的创新有力地推动了政社合作，促进了政府购买社会服务的供给侧改革。“三社联动”机制是指在提供社会服务时，要以社区为平台，以社会组织为载体，以专业社会工作者为支撑，彼此互联互动、互嵌互补。社区、社会组织、社会工作者是社会服务的基层力量。社区是居民的生活共同体及社会需求的交汇点，以社区为平台开展多元化社会服务工作，可以整合社会资源、汇聚社会组织、吸纳专业社会工作者，能够高效完成提供社会服务与社会治理工作（廖鸿冰 等，2017）。社会工作者作为一种专业力量，是政府购买社会服务的专业性的重要体现。无论采取何种政府购买模式、面向哪类服务对象，专业化服务的程度应始终是政府购买社会服务的首选原则，关系到社会服务的质量和水平。在承接政府购买社会服务时，要保证社会组织之在其工作领域中的专业性，其人才的专业性必须强。同时，在我国推进政府购买社会服务的过程中还明显地出现了供给侧缺陷。这些供给侧缺陷主要体现在：一是地域供给不均，沿海多于内地、城市多于农村、大城市多于小城市、市区多于乡镇；二是供需错配，在提供社会服务时，有些领域供给过剩，有些领域供给不足，不能充分满足民众的需求；三是供给有偏差，在提供服务时，服务质量参差不齐，不能满足民众多样化、个性化的需求；四是供给竞争性弱，政府购买社会服务时应引入市场竞争机制，目的是提升服务效率和降低服务成本。在公共服务的供给方面，要么市场竞争主体难以形成，要么竞争水平较低。很多时候政府只能采取定向购买或者委托购买社会服务的方式，难以保障社会服务的数量和质量。政府转变职能、推行政府购买服务，主要依靠社会组织来实现。社会组织的发展程度如何，对社会服务供给侧有着深刻的影响。因此，社会体制改革的首要任务是大力培育和发展社会组织，利用强大的社会组织，来防范社会服务供给侧中的政府失灵和市场失灵。政府要加快职能转变，引入多元主体，强化社会责任，规范购买行为，使社会组织合法公平地竞争，促进政府购买社会服务持续健康地发展。

（五）建立第三方评估机制，保障政府购买社会服务的健康发展

政府购买社会服务是当前一项重大的制度转型，而对政府购买服务项目的评估考核则是其中一个重要的环节。第三方评估作为一种外部制衡机制，被广泛地运用。为了客观真实地评价政府购买社会服务的绩效与经费的使用效益，第三方评估被视为国家与社会的关系从管控型向合作治理型发展的重要标志，是政府购买社会服务实践中社区治理共同体的有机构成（徐选国 等，2017）。第三方评估在理念、主体、机制和行动逻辑等方面体现了与社会治理创新相契合的内在优势。作为一种重要的治理手段，第三方评估在当前政府购买社会服务实践中日益受到重视和应用。引入第三方评估机制，建立科学的、多元的、专业化的外部监督机制，能对政府购买社会服务的质量、民众的满意度、工作绩效等进行全面、系统、客观、公正的评估。但是，当前第三方评估所具有的治理功能还远未得到挖掘和发挥，尤其是其深化政府职能转移、创新社会治理体制、加强政社分工与合作等方面的优势还未得到充分体现（赵环 等，2015）。因此，在我国推行政府购买社会服务时，应破解第三方评估的现实困境，给予第三方评估机构合法身份和制度化保障机制，并提升其专业化水平，使第三方评估机构真正参与到社会建设的协同治理中，成为社会治理创新的协同力量。完善第三方评估机制，能有效实施政府职能转移，促进社会组织不断提升承接政府职能转移的能力，构建全民共建、共治、共享的社会治理格局。

总之，政府购买社会服务是我国社会服务社会化的一个主要实现形式，不仅是政府转变职能、实行服务型治理的重要体现，也是一项社会治理机制的创新。这种治理模式的创新有力地推动了政社合作，促进了政府购买社会服务的供给侧改革。政府购买社会服务应以社区为基础进行，以适应社区服务专业化、精细化和多元化的需求。在当前社会治理结构变迁视角下，应探索以“三社联动”为机制的社区治理的新路径，促进社会组织、社区民众、专业社会力量等有序参与社会治理与社会服务提供，实现“政府本位”向“社会本位”的转变，以政府购买社会服务为抓手有效推动社会治理。面对转型时期社会发展

环境的复杂性及社会民众需求的多元化，以社区为基础的政府购买社会服务应着力培育社会组织，引入专业社会组织，实行第三方评估，构建新型社会服务与社会治理体系，最大限度地调动社会资源和力量，让居民受益。

第十三章　结论与讨论

第一节　结　　论

居住空间结构的变动是城乡人口流动的重要体现，从居住空间变动的视角来研究流动人口问题正日趋成为转型期中国和城镇化研究的有效路径。随着新型城镇化在各地加速拓展，无论是对个人、市场还是对政府而言，因住房建设而带来的居住空间调整问题都是一个重要的课题，并且随着居住空间调整而产生的社会服务体系建设更是一个需要特别关注的议题。因此，课题组在借鉴和参考既有理论与研究成果的基础上拟定了主要研究内容，并综合运用社会学实证方法（问卷调查和个案访谈）进行相关经验资料的收集，最后在研究设计和理论假设的基础上开展相关实证或理论研究，并提出相应的对策建议。

一、流动人口规模扩大导致居住空间结构阶层化

对于城市化进程中的流动人口来说，居住空间是安全感最重要的物质基础。作为空间主体的“人”与客体对象的“住房”并不是相互孤立的，而是相互影响、相互作用的，二者共同组成了一个完整的居住空间。流动人口居住时空变迁的特征日益明显，总体表现出居住时间长期化、稳定化、家庭化、集聚性、郊区化等特征。制度性因素和非制度性因素不断影响着流动人口居住空间的选择，其居住空间的分异、城市内的“二元社区”也日渐凸显。自城市住房市场化改革以来，房价的筛选功能也逐步体现，加之居民收入分化，贫富差距

扩大，居住空间显现阶层化。人口流动是我国新型城镇化过程中一种复杂的社会现象和经济现象，这已经成为学术界的共识。城镇化的快速推进和流动人口规模的急剧扩大对中国城乡发展产生了重要影响，主要体现在以下两个方面：一方面，人口流动造成了农村社区的“村落空心化、家庭空巢化、人口老龄化、服务空心化”。大量的农村剩余劳动力向城市聚集，农村社区常住人口不断减少，造成了农村社区空间形态上的荒芜现象，继而导致了农村社区的人居环境的破败、土地资源的荒废、社会服务的弱化、基础设施的匮乏等多方面“空心化”，阻碍了农村社会经济的可持续发展。另一方面，在人口流动背景下，城市社区则呈现出“人口集聚化、空间差异化、结构阶层化、服务多元化”的现象。流动人口在城市大量集聚并沉淀融合，导致居住空间结构发生了变化。居住是一个城市的重要职能，居住空间是城市的物质载体，居住空间结构是城市空间结构的组成部分。居住空间结构能有效地反映出居民的生活水平与社会地位，因此成为各居民阶层隔离的“指示器”，也成为影响社会和谐的重要因素。居住空间分异导致诸多社会问题产生，同时也使城市化的发展过程得以规范和制约。

二、居住空间的聚类变动需要相应的社会服务体系与之配套

城乡居住空间随着社会经济发展变化不断重构，同一阶层居民逐渐聚居在一起，不同阶层之间隔离分化，这种现象称之为居住空间的聚类变动。居住空间聚类变动呈现出三大主流聚类形式，即面向各领域高知识与高技能型人才的政策性支持住房小区聚类、面向普通大众的商品住房小区聚类、面向城市低收入人群的公共租赁住房聚类。居住空间聚类主要带来下面三个方面的效应：一是同一居住空间的同质性很强，微观层面，受个人对生活品质追求、家庭收入状况、文化程度的影响，人们会表现出相同的住房偏好，住在同一空间的群体的房间格局、消费习惯及社会地位等趋同一致，如现代社区有便捷、高端的公共服务体系。二是不同居住空间异质化明显，由于宏观层面的住房政策改革、

城市化进程加快、经济发展存在差异，出现了现代社区、中低档住宅区与棚户区等边界清晰的居住空间，这些不同类型的居住空间表现出明显的异质化特征。如现代社区房屋质量好、区位优势明显、配套设施齐全；棚户区的住房廉价、环境较恶劣等。三是民众居住需求呈现层次化倾向，将马斯洛需求层次理论投射到居住空间上呈现出四种需求层次，即房屋面积与层高的功能需求、房屋质量与整体私密性的安全需求、居民素养与文化氛围的文化环境需求、身份象征与社会尊重的尊荣需求。不过，民众居住需求层次体现在不同居住空间之间的比较上，同一居住空间内的居民却会趋同一致。居住空间的聚类变动需要相应的社会服务体系与之配套，并且不同性质的居住空间聚类可以有不同性质的社会服务提供渠道与模式。与之相对应，人们对居住空间需求的变动推动了社区社会服务的供给侧改革，如市场化渠道给现代社区，政府保障渠道给传统社区等。针对现代社区，政府主要通过监控规范市场交易的手段，保障社会服务提供；而对于传统社区，政府需要出资购买服务，遴选社会工作专业机构，并监控其服务的提供。社会组织进驻社区并高效工作可以促进“以社区为基础的整合性社会服务”模式的推行。

三、构建我国居民的社区社会服务满意度的影响因子分析框架

社区居民的感受是衡量一个社区社会服务供给的最直观标准之一。社区的社会服务体系越完善，越能满足居民之所需，则该社区居民对社会服务的满意度越高。本研究从社区居民社会服务满意度整体状况、社区社会服务基础设施建设状况、社区社会服务供需关系三方面描述了城市居住空间分异下社区居民社会服务满意度的主要影响因素，构建了适合我国城镇化背景下社区居民社会服务满意度隐形因素评价的科学指标体系。通过建立这一指标体系，数量化、科学地反映了我国社区居民对社会服务所持态度。本研究以社区居民的社会服务满意度作为模型的因变量，使用 OLS 多元线性回归模型检验了社区经验、地方评价和行为意愿三项核心自变量以及可能对社区居民社会服务满意度

产生影响的年龄、性别、教育程度、婚姻状况等社会人口学控制变量的作用效果。模型统计结果显示：首先，居民的居住社区类型对其社区社会服务满意度存在非常显著的正向影响，社区层次越高的个体，其社区社会服务满意度相应越高。住房类型变量对社区居民的社会服务满意度也具有正向影响，即相对于租住者，自有产权住房者的满意度更高，但该结论并不显著，因而不具备统计学上的推论意义。其次，地方歧视变量对个体的社会服务满意度存在非常显著的负向影响，即地方歧视程度越高，个体的社会服务满意度相应就越低。城市评价变量的回归结果同样支持了我们的假设，即城市评价与居民的社区社会服务满意度之间存在显著的正相关关系，居民对城市评价越积极，其社会服务满意度越高。再次，居民的社会组织参与意愿和社会服务寻求意愿两项因素对居民的社会服务满意度产生了正向影响，即个体的社会组织参与意愿越强，社会服务寻求意愿越强，其满意度也就越高，其中，社会服务寻求意愿的影响是非常显著的，可以由样本推论总体。而社会组织参与意愿的影响并不显著，不具有推论意义。最后，在人口学控制变量中，年龄和年龄平方在1%的水平上显著（年龄与居民社区社会服务满意度呈负相关关系，而年龄平方则与之呈正相关关系）；大专或本科教育层次的个体的社区社会服务满意度要显著低于小学及以下教育层次的个体的社区社会服务满意度。

四、构建“以社区为基础的整合性社会服务”模式是社会底线公平、差别公平原则的具体体现

让社会服务落地最有效的办法就是将基本社会服务下沉至社区。这也是我国社会体制改革的必然趋势，目的是让“单位人”越来越少，“社会人”越来越多。构建以情感认同为主的社区共同体是加强社会团结、维护社会稳定的重要途径。快速的城镇化建设、大规模的人口流动促进了城乡居住空间结构的变动。城市居住空间分化不仅指居住空间的阶层化，更涉及由此引发的经济文化、社会服务等更深层次的社会问题。在工业化、城市化背景下，不同地域、

不同城市呈现出居住空间分异现象，并且趋势越来越明显。同时，由于居住空间分异而产生的诸多社会问题，也规范和制约着城市化的发展过程。城镇化背景下居住空间的变动，使得居住空间的聚类出现了，形成了现代社区、发展中社区和传统社区。这种居住空间结构的分化与收入分配的不平等，导致社会服务呈现出明显的不均衡。一方面，居住空间分异带来了多元化的社会服务需求，而城市社会服务的供给往往忽视了这种新的变化形势；另一方面，由于城市社会服务受利益趋使，使得传统社区或者低收入人口等社会底层和弱势群体受制于消费能力的约束，从而导致城市社会服务资源的分配不均。转型时期居住空间的聚类变动需要相应的社会服务体系与之配套，并且不同性质的居住空间聚类需要不同性质的社会服务提供渠道与模式，如现代社区可以通过市场化渠道获得社会服务，政府保障渠道为传统社区提供社会服务。针对现代社区，政府主要通过监控规范市场交易的手段，保障社会服务的提供；而对于传统社区，政府需要出资购买服务，遴选社会工作专业机构，监控其保质保量地提供服务。社会工作机构进驻社区并有效工作可以促进“以社区为基础的整合性社会服务”模式发挥作用。“以社区为基础的整合性社会服务”模式符合社会底线公平、差别公平原则。

五、以社区为基础的政府购买服务是满足社区居民社会服务需求与社会治理创新的主要策略

社会结构转型时期，我国政府逐步由管理型向服务型转变，旨在建立一个高效且以人民利益为根本的服务型政府，基层社会治理结构亦逐渐从政府包揽向多元化均衡过渡。在推进社会治理创新的过程中，我国将政府购买社会服务作为创新社会治理与治理能力现代化的重要策略。以社区为基础的政府购买社会服务是以基层社会治理为核心使命的一项治理机制的创新。政府购买社区社会服务在服务的专业性、科学性、契合居民服务需求方面有更大的优势，是基层社会治理创新理念下社区服务精细化要求的体现，更是适应社区服务专业化

和居民需求多元化而产生的一种新型的社区服务供给方式。政府购买社区社会服务这项机制的形成表现在培育社会组织、引入社会工作、推动社会倡导、公众受益、公众参与社会治理等若干方面。因此，应促进政社分工合作，创新社会治理体制；培育民间社会组织，激发基层社会活力；发展专业社会工作，构建新社会服务体系。同时，要深刻认识和认真分析制约政府购买社会服务发展的因素，做好政府购买社会服务健康可持续发展的工作。政府将政府购买社会服务作为转变政府职能和创新社会治理的重要举措。随着单位制的解体，社区逐步转型为基层治理体制的主要载体，因此以社区为基础的政府购买社会服务，是政府在坚持以人为本、积极关注改善民生前提下的一种社会福利制度的创新，是一种社会治理的创新和制度化选择。准确地说，政府向社会组织购买服务已经成为当前我国政府实行简政放权和治理变革的实践尝试和制度设计，更是增强公共服务供给能力、加快社会事业转型的重要路径选择。

六、构建以社区为基础的整合性多元化的社会服务体系是打通社区居民社会服务“最后一公里”的关键

因快速推进的新型城镇化与大规模的人口流动而产生的城乡居住空间变动对社会服务体系提出了要求。社会服务体系如何设计才能促进民生，有利于社会治理？为适应居住空间分异、社会结构阶层化的多元化需求，需要建立以社区为基础的整合性多元化的社会服务体系，为社区居民提供合理有效的服务，以增进社会整体、社区、家庭以及个人的福祉。一是整合性多元化的社会服务体系强调社会服务必须“以社区为基础”。社区作为一种地域社会共同体，是最基础的社会组织，也是社会治理的基本单位。社区在促进社会治理方面具有政府无可比拟的优势，是落实政府惠民政策的“最后一公里”的关键。在我国快速推进工业化和城镇化的背景下，人口流动加速导致城市居民的居住空间日益呈现出复杂性结构化变动，在这一过程中，居住空间阶层化意愿日益明显，具体表现为居住社区的分化。因此，完善社会服务体系必须建立在

社区的基础上。二是构建整合性社会服务体系。具体表现在三个方面：首先是社会服务的制度性整合。社区是政府的行政末梢，具有行政合法性，是政府部门的各种社会服务制度和政策的承担者。社区能够促进政府与社会的良好沟通，整合协调政府的社会服务政策，比较公平地促进与居民相关的制度供给，实现居民利益的制度协调，确保社会服务制度产生更大的生产力、发挥更大的社会效益。社区民众对社会服务制度和社区服务公共产品供给的满意度也往往可以通过社区满意度体现出来。其次是社会服务的功能性整合。社区作为自治组织，具有熟人社会特征，是居民相互依赖关系的协调者，是组织化的内生性机制的促进者，能够承担动员社区组织的任务，能够有效地整合社区资源，能够增强社区的凝聚力，可以维持社区团结。最后是社会服务的认同性整合。认同性整合是指社区内的居民具有一致的价值观与信仰，也表现出具有相同的社区文化。社区利益导向是居民认同性整合的有效机制。社区整合可以提升居民个体的归属感与被认同感，激发个体的奉献意识，促使居民的社区合作精神增强、社区活动的参与积极性提高，从而实现社会利益的和谐。三是构建多元化社会服务体系。具体表现在三个方面：首先是社会服务主体多元化。在社会服务主体中，政府不应是唯一的提供者，应从单一主体向多元化主体转变，即服务主体多元化。社会服务要依托社区，以基层政府、社会组织和居民为主体，充分挖掘各方资源，组织动员全社会加入社会服务的提供者行列。要想满足居民社会服务的需求，必须构建一个以社区为基础，由政府、社会组织、居民和志愿者共同参与的多元化社会服务体系，以实现居民社会服务体系的良性运行。其次是社会服务供需多元化。居住空间阶层化背景下的居民需求总量在日益增长，居民需求亦呈现出多元化特点，居民有着经济援助、生活照料、精神慰藉、医疗保健等多方面的服务需求内容。需通过多种方式、多个渠道、多条途径吸引社会各界对不同人群的爱心奉献，积累更多的优质社会资本，开展多手段、多类别、多主体参与的社会服务，以实现经济保障、服务保障、精神保障。最后是社会服务机制多元化。在多元化社会服务发展的过程中，需要充分运用好行政化、社会化、市场化三种机制，综合协调、相互补充。多元化发展的社会服务要求在原有行政化机制上适应“小政府、大社会”的趋势，结合社会化机制，推动政府购买社会服务，实现社会组织、居民、志愿者等多方参与的机制，由原来的政府单向服务变为多向服务，综合协调三种机制、三种不同方式的社会服务体系，互相补充，共建互动，推进社会服务的健康发展。四是构建“三社联动”的社会服务体系。“三社联动”是指以社区为平台，以社会组织为载体，以专业社会工作者为骨干，彼此互联互动、互嵌互补，为社区居民提供更多更专业的服务。社区是社区成员的生活共同体及社会需求的交汇点，以社区为平台开展多元化社会服务工作，可以整合社会资源，汇聚社会组织，吸纳专业社会工作者，高效提供社会服务并进行社会治理。通过“三社联动”，社区、社会组织、社会工作者能更加彰显社会活力。社会工作者在“三社联动”平台中是提供专业社会服务的新生力量，在缓解社会矛盾、满足居民多样化需求、助力社会治理方面发挥着积极作用。基于此，本研究提出构建“以社区为基础”的整合性多元化社会服务体系，这是打通社区居民社会服务“最后一公里”的关键。

第二节　讨　　论

当初我们申报这个课题，主要是出于三个方面的考虑：

（1）党和国家对学术界提出了新的要求。住房与社会服务一直被我国视为最基础的民生工程。《中共中央关于全面深化改革若干重大问题的决定》指出，要实现发展成果更多更公平惠及全体人民，必须加快社会事业改革，解决好人民最关心最直接最现实的利益问题，要让人民“老有所养、病有所医、住有所居”，努力为社会提供多样化服务。由此看来，以住房为核心的居住空间以及社会服务问题是经济问题，也是社会问题，更是政治问题。

（2）课题组成员对该课题长时期的关注和研究旨趣。课题组成员分别有着社会学（社会工作）、社会保障学、管理学等不同学科背景，在科学研究和课程教学过程中长期关注民生问题和社会治理问题。在课题经费的支持下，课题组成员对城镇化背景下居住空间的变动与城乡社会服务体系建设展开了研究，共撰写了20多篇学术论文，其中CSSCI来源期刊7篇、SCI收录1篇、ISTP（CPCI）收录2篇，2016年获得湖南省社会科学优秀成果奖三等奖1项、2019年4月获得第四届湖南省教育科学研究优秀成果奖三等奖1项。此外，本课题的阶段成果《农村空心化视阈下社会服务体系构建研究》《基于居住空间结构变动的城市社区社会服务供给侧研究》《以社区为基础的政府购买社会服务研究》等在近几年的中国社会学年会和中国社会工作教育年会上进行了交流，产生了较好的反响。

（3）旨在基于一种新的研究视角将社会流动、居住空间和社会服务衔接起来，厘清关系。我们认为，无论是对城镇化研究还是城乡统筹研究，这都是一项非常重要的议题。农村空心化加剧，居住空间以零散性为特征。农民居住空间格局调整如何影响城乡统筹格局，进而促使社会服务体系变动，是一个重要的城镇化议题，同时也是重要的民生问题。随着新型城镇化加速推进，因住房建设而产生的居住空间调整无论对个人选择还是对人口流动，无论是对市场抉择还是对政府规划，都是重要课题，更为重要的是随着居住空间调整而必然产生的社会服务体系变动更是一个很新、很重要的议题。

从学术研究来看，我们还有很长的路要走。本书对城镇化背景下居住空间调整与城乡社会服务体系建设所设定的内容进行了系统研究，但由于具体条件的限制，没有将所设定的内容置入一个整体模型中进行理论假设和检验，这是本书的不足之处。此外，随着课题研究的深入开展，许多新的问题不断出现，虽然它们并不在课题原初研究计划之列，但无疑具有很大的研究价值。这些新的问题包括：一是在城镇化背景下对居住空间分化与融合没有进行深入的研究，今后在这方面的理论研究有待进一步探索。二是对居住空间变动和与之相匹配的社会服务供给机制，没有深究当前推行的“三社联动”的社会服务与社会治理的多维内涵及其机制，尚需对“以社区为基础”的整合性社会服务体系的构建做进一步探索。三是“大数据＋社会服务”的问题。大数据与人工智能的出现，推动社会服务上升到了精准社会服务新阶段。所谓精准社会服务，运用互联网＋的模式来表述，就是互联网＋社会服务，也就是运用大数据与人工智能技术，实现社会服务对象的准确化、服务手段的科学化、服务内容的精细化、服务态度的人性化、服务效率的高效化。关注社会服务的需求和供给问题，必然需要对该问题进行研究。

参考文献

◎ 蔡立辉，2003. 公共管理：公共性本质与功能目标的内在统一 [J]. 中国人民大学学报，18(2)：144-152.

◎ 柴彦威，1999. 城市空间 [M]. 北京：科学出版社 .

◎ 陈诚，2016. 基于结构与过程的社区治理能力评估框架构建 [J]. 华侨大学学报 (哲学社会科学版)(1)：70-79.

◎ 陈俊峰，2012. 城市居住空间分化与融合研究 [M]. 合肥：合肥工业大学出版社 .

◎ 陈燕，2009. 基于定量分析的南京市城市居住空间分异研究 [J]. 工业技术经济 (10)：80-83.

◎ 程艳彬，孟凡平，赵佳宾，2015. 政府购买社区社会工作服务的探索与反思：以济南 D 社区为例 [J]. 社会工作与管理 (9)：49-53.

◎ 代明，袁沙沙，2010. 国内外城市社区服务研究综述 [J]. 城市问题 (11)：25-33.

◎ 邓伟志，陆春萍，2006. 合作主义模式下民间组织的培育和发展 [J]. 南京社会科学 (11)：126-130.

◎ 邓晓臻，2008. 马克思社会发展动力思想的文本阐释：基于“人的感性活动”“社会有机体”和“世界历史”的视域 [J]. 山东理工大学学报 (社会科学版)，24(3)：43-49.

◎ 董勖，2015. 政府培育发展社区社会组织研究：以 W 市 B 区为例 [D]. 上海：华东政法大学 .

◎ 范和生，唐惠敏，2016. 新常态下农村公共服务的模式选择与制度设计 [J]. 吉首大学学报(社会科学版)(1)：1-9.

◎ 范红忠，侯亚萌，2017. 住房因素对城市居民幸福感的影响 [J]. 城市问题(4)：64-69.

◎ 冯帅帅，廖鸿冰，2019. 面向需求的城市居住社区公共服务供给研究：基于湖南省三地区调查数据的实证分析 [J]. 贵州师范大学学报：社会科学版(2)：28-38.

◎ 高芙蓉，2015. 政府购买社会服务研究综述 [J]. 郑州轻工业学院学报(社会科学版)(6)：41-46.

◎ 高鉴国，2006. 社区公共服务的性质与供给：兼以 JN 市的社区服务中心为例 [J]. 东南学术(6)：41-50.

◎ 高庆琦，谢洪伟，叶芳，2012. 底线公平：我国城市社区体育公共服务供给模式及实践路径 [J]. 哈尔滨体育学院学报(5)：46-53.

◎ 高宜新，柳长兴，2008. 参与公共服务与社会组织发展的路径选择 [J]. 重庆工学院学报(社会科学版)(12)：53-55.

◎ 葛天任，2014. 社区碎片化与社区治理：Y 市基层社区变迁实证研究 [D]. 北京：清华大学 .

◎ 古学斌，2016. 社会资本与社区治理 [R]. 江门：国家治理体系下的社区参与治理•江门论坛 .

◎ 郭婕嫔，2012. 城市社会空间分异视域下的农民工城市融入问题研究 [D]. 西安：陕西师范大学 .

◎ 侯敏，张延丽，2005. 北京市居住空间分异研究 [J]. 城市(3)：49-51.

◎ 黄晓春，2017. 政府购买社会组织服务的实践逻辑与制度效应 [J]. 国家行政学院学报(4)：61-66.

◎ 霍燕，2012. 内蒙古城镇社区公共服务面临的问题与对策研究 [J]. 北方经济(19)：56-58.

◎ 江燕娟，2014. 论社区养老服务资源的整合 [J]. 社会福利(理论版)(3)：23-27.

◎ 姜乖妮，李春聚，2012. 城市规划在调整城市居住空间中的作用 [J]. 城市问题(1)：40-43.

◎ 蒋亮，冯长春，2015. 基于社会—空间视角的长沙市居住空间分异研究 [J]. 经济地理，35(6)：78-86.

◎ 景天魁，2004. 底线公平与社会保障的柔性调节 [J]. 社会学研究(6)：32-40.

◎ 景天魁，2013. 底线公平概念和指标体系：关于社会保障基础理论的探讨 [J]. 哈尔滨工业大学学报(社会科学版)，15(1)：21-34.

◎ 景天魁，毕天云，2011. 论底线公平福利模式 [J]. 社会科学战线(5)：161-167.

◎ 敬乂嘉，2009. 合作治理：再造公共服务的逻辑 [M]. 天津：天津人民出版社.

◎ 敬乂嘉，2011. 社会服务中的公共非营利合作关系研究：一个基于地方改革实践的分析 [J]. 公共行政评论，4(5)：5-25.

◎ 康树华，2003. 社区矫正的历史、现状与重大理论价值 [J]. 法学杂志，24(5)：21-23.

◎ 蓝国彬，樊炳有，2010. 我国体育公共服务供给主体及供给方式探析 [J]. 首都体育学院学报，22(2)：27-31.

◎ 李斌，2013. 农村居民的城市融入：基于工作状态研究的分析 [J]. 国际社会科学杂志(中文版)(12)：19-25.

◎ 李斌，2015. 中国城市居住空间阶层化研究 [M]. 北京：光明日报出版社.

◎ 李斌，张贵生，2018. 居住空间与公共服务差异化：城市居民公共服务获得

感研究 [J]. 理论学刊（1）：99-108.

◎ 李兵，2011. 外国社会服务发展历程及其启示 [J]. 中国民政（3）：24-27.

◎ 李兵，张恺悌，王海涛，等，2011. 关于基本养老服务体系建设的几点思考 [J]. 新视野（1）：66-68.

◎ 李洪涛，2005. 城市居民的社区满意度及其对社区归属感的影响 [D]. 武汉：华中科技大学 .

◎ 李娇娇，2013. 我国城市社区公共服务研究：以大理市 J 社区为例 [D]. 昆明：云南大学 .

◎ 李立清，2005. 对加强我国农村公共服务途径的探讨 [J]. 农业经济（8）：9-11.

◎ 李楠，罗松华，2014. 新型城镇化：质量反思与路径选择 [J]. 求索（5）：47-52.

◎ 李强，邓建伟，2002. 我国社会分层理论的演进 [J]. 学海（4）：77-83.

◎ 廖鸿冰，2010. 共生理论视角下灾后社工服务组织可持续发展探索 [J]. 湖湘论坛（4）：117-120.

◎ 廖鸿冰，2011. 从外生性嵌入到内生性根植：社会工作本土化发展路径探索 [J]. 社会工作（9）：41-45.

◎ 廖鸿冰，2016. 城镇化下人口流动对居住空间变动的影响机理探究 [J]. 求索（11）：46-51.

◎ 廖鸿冰，李斌，2014. 社会工作介入社区居家养老服务研究 [J]. 湖南社会科学（6）：121-124.

◎ 廖鸿冰，廖彪，2017. 农村空心化视阈下社会服务体系构建研究 [J]. 湖南社会科学（3）：64-71.

◎ 廖鸿冰，廖彪，2019. 基于居住空间结构变动的城市社区社会服务供给侧研究 [J]. 社会工作与管理（2）：77-84.

◎ 廖业扬，李丽萍，2015. 整体性治理视域下的乡村治理变革 [J]. 吉首大学学报（社会科学版），36（1）：60-65.

◎ 林佳睿，2013. 城市居住空间分异机理研究 [D]. 哈尔滨：哈尔滨工业大学.

◎ 林孟清，2010. 推动乡村建设运动：治理农村空心化的正确选择 [J]. 中国特色社会主义研究（5）：85-89.

◎ 刘丽英，郭鲁川，2015. 我国残疾人社区文化服务理念创新与对策研究 [J]. 江苏社会科学（5）：39-45.

◎ 刘婷婷，2014. 家庭随迁流动人口住房选择及其影响因素分析：以上海市为例 [J]. 南方人口（3）：17-27.

◎ 刘旺，张文忠，2004. 国内外城市居住空间研究的回顾与展望 [J]. 人文地理，19（3）：6-11.

◎ 刘彦随，刘玉，2010. 中国农村空心化问题研究的进展与展望 [J]. 地理研究（9）：35-42.

◎ 刘志平，张萌，2013. 城市化发展、城市居住空间结构分化与城市农民工居住空间分析：以上海市为例 [J]. 科学发展（3）：72-79.

◎ 刘祖云，2002. 社会转型与社会分层：三论当代中国社会的阶层分化 [J]. 社会科学研究，56（6）：96-99.

◎ 刘祖云，武小龙，2012. 农村"空心化"问题研究：殊途而归：基于研究文献的理论考察 [J]. 行政论坛（4）：88-94.

◎ 陆学艺，2003. 当代中国社会阶层的分化与流动 [J]. 江苏社会科学（4）：1-9.

◎ 罗观翠，王军芳，2008. 政府购买服务的香港经验和内地发展探讨 [J]. 学习与实践（9）：125-130.

◎ 洛克，1964. 政府论 [M]. 叶启芳，瞿菊农，译. 北京：商务印书馆.

◎ 马贵侠，许小玲，2012. 社区特殊群体服务的模式与路径选择 [J]. 重庆社会科学（7）：33-38.

◎ 倪春丽，2013. 社会管理创新背景下的社区服务需求与供给研究 [J]. 人力资源管理 (8)：202-204.

◎ 倪明胜，2012. 社会服务概念辨识与路径优化 [J]. 江西社会科学 (2)：210-215.

◎ 帕特南，2010. 独自打保龄球：美国社区的衰落与复兴 [M]. 刘波，译 . 北京：北京大学出版社 .

◎ 潘雨红，巨选博，2012. 基于 AHP 方法的保障性住房选址策略分析：以重庆“民心佳园”公租房项目为例 [J]. 建筑经济 (3)：57-60.

◎ 彭华民，黄叶青，2006. 福利多元主义：福利提供从国家到多元部门的转型 [J]. 南开学报 (哲学社会科学版)(6)：40-48.

◎ 彭少峰，2017. 政府购买服务制度的演变：中西比较及启示 [J]. 湖南师范大学社会科学学报，46(4)：110-116.

◎ 彭少峰，杨君，2016. 政府购买社会服务新型模式：核心理念与策略选择：基于上海的实践反思 [J]. 社会主义研究 (1)：91-97.

◎ 彭少峰，张昱，2013. 政府购买公共服务：研究传统及新取向 [J]. 学习与实践 (6)：94-101.

◎ 彭少峰，张昱，2014. 迈向“契约化”的政社合作：中国政府向社会力量购买服务之研究 [J]. 内蒙古社会科学 (汉文版)(1)：167-172.

◎ 阮雪梅，2013. 关于社会服务是否能产业化问题的探析 [J]. 世纪桥 (11)：82-83.

◎ 闰凤英，赵黎明，2009. 基于定量分析的南京市城市居住空间分异研究 [J]. 工业技术经济 (5)：80-83.

◎ 单菁菁，2007. 农村人口的社会网络变迁 [J]. 城市问题 (4)：59-63.

◎ 时万青，张天耀，朱梅黎，2014. 政府民生保障责任与大学生对社会主义制度的认可 [J]. 学理论 (12)：67-68.

◎ 苏振民，林炳耀，2007. 城市居住空间分异控制：居住模式与公共政策 [J]. 城市规划 (2)：45-49.

◎ 唐博，2013. 城市流动人口的居住空间模式和居住空间选择的影响因素分析 [D]. 上海：复旦大学 .

◎ 唐忠新，1999. 社区建设：中国城市社会转型的必然选择 [J]. 北京社会科学 (1)：82-86.

◎ 田艳平，2009. 旧城改造与城市社会空间重构 [M]. 北京：北京大学出版社 .

◎ 王波，张强，2010. 我国社会服务发展存在的问题与对策研究 [J]. 商业时代，15(15)：8.

◎ 王春兰，杨上广，2009. 大城市利益博弈的人口空间响应研究：以上海市为例 [J]. 公共管理学报 (2)：85-92.

◎ 王平，李江宏，2013. 乌鲁木齐市多民族混合社区建设研究 [J]. 中南民族大学学报 (人文社会科学版)(4)：10-15.

◎ 王前，吴理财，2015. 公共文化服务可及性评价研究：经验借鉴与框架构建 [J]. 上海行政学院学报，16(3)：53-59.

◎ 王思斌，2011. 对社会服务的理解 [J]. 中国民政 (5)：6-9.

◎ 王思斌，2014. 社会服务的结构与社会工作的责任 [J]. 东岳论丛 (1)：5-11.

◎ 王媛媛，2010. 推动城市社区服务多元化机制发展的探索 [J]. 学理论 (8)：86-87.

◎ 吴启焰，张京祥，朱喜钢，等，2012. 现代中国城市居住空间分异机制的理论研究 [J]. 人文地理 (3)：26-30.

◎ 向德平，苏海，2014.“社会治理”的理论内涵和实践路径 [J]. 新疆师范大学学报 (哲学社会科学版)(6)：19-25.

◎ 谢治菊，谭洪波，2011. 农村社会资本存量：概念、测量与计算 [J]. 贵州财经学院学报 (5)：87-93.

◎ 徐道稳，2010. 我国社会工作发展模式研究：以深圳、长沙试点社区调查为基础 [J]. 华东理工大学学报（1）：1-6.

◎ 徐敏敏，2007. 政府购买社区社会工作服务模式的研究 [D]. 南京：南京农业大学 .

◎ 徐选国，黄颖，2017. 政社分开与团结：政府购买社会服务第三方评估的风险及其治理：基于 S 市的评估实践 [J]. 社会工作与管理（2）：70-77.

◎ 徐延辉，黄云凌，2012. 社会服务体系：欧洲模式与中国方向 [J]. 人民论坛•学术前沿（17）：64-73.

◎ 徐永祥，2002. 论社区服务的本质属性与运行机制 [J]. 华东理工大学学报：社会科学版，17(4)：50-54.

◎ 徐永祥，2004. 社区工作 [M]. 北京：高等教育出版社 .

◎ 徐勇，2000. 挣脱土地束缚之后的乡村困境及应对：农村人口流动与乡村治理的一项相关性分析 [J]. 华中师范大学学报（人文社会科学版），39(2)：5-11.

◎ 薛力，2001. 城市化背景下的“空心村”现象及其对策探讨：以江苏省为例 [J]. 城市规划（6）：8-13.

◎ 郇建立，2006. 现代性的两种形态：解读齐格蒙特•鲍曼的《流动的现代性》[J]. 社会学研究（1）：234-240.

◎ 严浩坤，2008. 劳动力跨地区流动与地区差距 [J]. 地理科学，28（2）：179-184.

◎ 杨菊华，陈传波，2013. 流动人口家庭化的现状与特点：流动过程特征分析 [J]. 人口与发展，19(3)：2-13.

◎ 杨君，徐永祥，2013. 新社会服务体系：经验反思与路径构建 [J]. 学习与实践（8）：101-107.

◎ 杨荣，2014. 社会工作介入社会救助：策略与方法 [J]. 苏州大学学报（哲学社会科学版）(4)：29-34.

◎ 杨团，2001. 推进社区公共服务的经验研究：导入新制度因素的两种方式 [J]. 管理世界 (4)：24-34.

◎ 雍岚，王振振，张冬敏，2018. 居家养老社区服务可及性：概念模型、指标体系与综合评价 [J]. 人口与经济 (4)：1-11.

◎ 于静，蔡文婷，2012. 农村公共服务设施建设现状及规划对策 [J]. 山西建筑 (9)：1-2.

◎ 曾德盛，2012. 完善城市社区服务体系，促进基层社会管理创新 [N]. 广西日报，6-13.

◎ 詹福满，苗静，2005. 有限政府理论的现代解读 [J]. 法律科学：西北政法大学学报 (3)：8-18.

◎ 张凡，2012. 西安市居住空间分异特征及形成机理研究 [D]. 西安：西安建筑科技大学 .

◎ 张国庆，2007. 公共行政学 [M]. 北京：北京大学出版社 .

◎ 张海，范斌，2013. 政府购买社会组织公共服务方式的影响因素与优化路径 [J]. 探索 (5)：150.

◎ 张红，李宣，2018. 社区照顾的中国契合性研究 [J]. 社会工作与管理 (3)：67-71.

◎ 张金花，王新明，2003. 对我国社会服务理论与实践的考察 [J]. 河北学刊 (3)：188-191.

◎ 张琳娜，刘广生，2007. 城市社区公共服务供给问题思考 [J]. 山东师范大学学报 (人文社会科学版)，52(6)：155-158.

◎ 张翼，侯慧丽，2004. 中国各阶层人口的数量及阶层结构：利用 2000 年第五次全国人口普查所做的估计 [J]. 中国人口科学 (6)：53-59.

◎ 张永宏，2007. 组织社会学的新制度主义学派 [M]. 上海：上海人民出版社 .

◎ 章露露，2019. 新时代政府与市场关系探究：基于社会主义市场经济理论的

视角 [J]. 鄂州大学学报，26(2)：5-8.

◎ 赵东霞，2010. 城市社区居民满意度模型与评价指标体系研究 [D]. 大连：大连理工大学 .

◎ 赵环，徐选国，杨君，2015. 政府购买社会服务的第三方评估社会动因、经验反思与路径选择 [J]. 福建论坛 (人文社会科学版)(10)：157-154.

◎ 赵孟营，2011. 从理论到现实：创建中国特色民政社会服务体系 [J]. 中国民政 (5)：12-14.

◎ CASTELLS M, IPOLA E D, 1976. Epistemological practice and the social sciences[J]. Economy & society, 5(2):111-144.

◎ COLEMAN J S, 1987. Social capital and the development of youth[J]. Momentum, 18: 6-8.

◎ DOMBERGER S, 1998. The contracting organization: a strategic guide to outsourcing[M]. London: Oxford University Press: 156.

◎ FULTZ, ELAINE, TRACY, et al., 2004. Good practices in social services delivery in South Eastern Europe[R]. Budapest: International Labour Organization.

◎ HARVEY D, 1972. Social justice and the city[M]. Baltimore: The Johns Hopkins University Press.

◎ HARVEY D, 2010. The urban process under capitalism: a framework for analysis [J]. International journal of urban & regional research, 2(1-4): 101-131.

◎ MIDGLEY J, 1995. Social development:the developmental perspective in social welfare[M]. London: Sage: 24.

◎ WALLERSTEIN I, 1993. The world-system after the cold war[J]. Journal of peace research, 30(1):1-6.

附 录

流动人口居住空间变动与社会服务体系状况调查问卷

尊敬的先生 / 女士：

您好！

本次调查是为了更好地了解在您入住社区后的情况，探讨及解决社区在提供服务时存在的问题，为进一步改善社区服务提供参考依据，探索出适合新型城镇化背景下的社区服务体系建设思路。对于您的协助，我们深表感谢！（调查资料所涉及的个人信息，我们将严格保密！）

说明：请在您选择的选项序号前画“√”。如无特别说明，请只选一个答案。

“居住空间调整与城乡社会服务体系建设研究”项目组

2014 年 7 月 18 日

一、基本信息

1.您的性别：① 男　② 女

2.您的婚姻状况：① 未婚　② 已婚　③ 离婚　④ 丧偶

3.您的年龄：_____周岁

4.您的文化程度：① 不识字　② 小学　③ 初中　④ 高中或中专

⑤ 大专　⑥ 本科　⑦ 硕士及以上

5.您入住本小区多少年了？ _____年

6.您现在入住的社区类型是什么？

① 现代社区　② 发展中社区　③ 传统社区

7.您现在家里有几个人住在一起？

① 一个人　② 两个人　③ 三个人　④ 四个人　⑤ 五个人及以上

二、居住空间变动

1.您是从何处搬到这个小区的？

① 本城市其他社区　② 农村　③ 郊区　④ 别的城市

(选择农村的人请回答) 您在老家还有别的亲人吗？（三代内直属亲戚）

____

2.您搬到这里住的原因是什么？

① 工作单位在本市　② 家庭成员在本市做生意　③ 陪子女上学

④ 城市征地、拆迁安置　⑤ 随亲属的工作变动而迁住

3.您现在的住房类型是什么？

① 租房　② 买房 (住房面积大概为 _____平方米)

(选择租房的人请回答) 您愿意在城市买房吗？

① 愿意　② 无所谓　③ 不愿意

(选择不愿意的人请回答) 为什么不愿意在城市买房？

① 买不起　② 没有城市户口，所以不买

③ 以后还是要回家乡的，所以不买

4.您对目前的住房满意度为：

① 满意　② 一般　③ 不满意

三、城市融合

1.您现在的工作情况：

① 公务员单位工作　② 事业单位工作　③ 国有企业工作

④ 私营企业工作　⑤ 自主经营　⑥ 目前没有工作

(选择“目前没有工作”的人请回答) 如果您目前没有工作，您下一步的打算是什么？

① 继续找工作　② 先接受学习培训再找工作　③ 回家乡

2.您来本城市工作多少年了？

①1 年以下　②1~3 年　③3~5 年　④5~10 年　⑤10 年以上

3.您来该城市工作的原因是什么？（可多选）

① 增加收入，多挣钱　② 学习技能　③ 开阔眼界　④ 子女教育

⑤ 能留在城市生活　⑥ 城里就业机会多　⑦ 其他

4. 您平均每天工作多长时间？

①8 小时以下　②8 ~ 9 小时　③10 ~ 11 小时　④11 小时以上

5.您平均每月的收入是多少？

①999 元以下　②1 000~1 499 元　③1 500~1 999 元

④2 000~2 999 元　⑤3 000 元以上

6.您的收入主要用于哪个方面？（可多选）

① 供养家人　② 自己的食宿　③ 购物　④ 娱乐

⑤ 储蓄　⑥ 学习培训　⑦ 其他

7.您是否拥有本地户口：① 有　② 没有

(选择没有的请回答) 您希望拥有本地户口吗？

① 希望　② 无所谓　③ 不希望

8.您有小孩在目前所在城市里上学吗？ ① 有　② 没有

(选择有的请回答) 您的小孩在哪种学校上学？

① 公立学校　② 私立学校

9.您购买了哪些保险？

① 养老保险　② 医疗保险　③ 失业保险　④ 都没有

10.您参加过当地的哪些活动？（可多选）

① 选举　② 社交活动　③ 文体娱乐活动　④ 治安巡逻

⑤ 志愿者活动　⑥ 募捐活动　⑦ 其他（请注明）______

⑧ 都没有参加

11.您希望参加当地的哪些活动？（可多选）

① 选举　② 社交活动　③ 文体娱乐活动　④ 治安巡逻

⑤ 志愿者活动　⑥ 募捐活动　⑦ 其他（请注明）______

⑧ 都不想参加

12. 您会自觉办理城市所需要的证件吗？

① 很自觉　② 不得不办理时会办理　③ 不办理

13.您愿意参加流动人口自我管理组织吗？

① 不愿意　② 无所谓　③ 愿意

四、社区服务

1.您对社区服务的了解及享受情况如何？

① 了解并享受过　② 了解但没享受过　③ 不了解

2.您对所在社区社会服务的供给满意吗？

① 非常满意　② 比较满意　③ 不大满意　④ 很不满意　⑤ 不关心

3.您所在的社区服务基础设施主要有哪些？（可以多选）

① 社区服务中心　② 医疗康复设施　③ 文体设施

④ 便民服务网点　⑤ 环卫设施　⑥ 汽车场（存车处）

⑦ 社区养老中心　⑧ 残疾人托养所　⑨ 青少年活动中心

⑩ 托幼服务设施　⑪ 社会工作站（机构）　⑫ 家政服务中心

⑬ 还有哪些？（请列出）

4.您所在的社区有哪些服务项目？（可以多选）

① 社区物业管理服务　② 家政服务　③ 医疗保健服务

④ 社区保安服务　⑤ 老年人等特殊群体服务　⑥ 法律服务

⑦ 交通安全服务　⑧ 社区矫正服务　⑨ 政策咨询服务

⑩ 职业指导服务　⑪ 还有哪些？（请列出）______

5.您或您的家人接受过哪项服务？（可以多选）

① 社区物业管理服务　② 家政服务　③ 医疗保健服务

④ 社区保安服务　⑤ 老年人、残疾人服务　⑥ 法律服务

⑦ 交通安全服务　⑧ 社区矫正服务　⑨ 政策咨询

⑩ 职业指导与介绍　⑪ 还有哪些？（请列出）______

6.您或您的家人目前最希望得到的社区服务有哪些？（社区服务类型）

① 社区物业管理服务　② 家政服务　③ 医疗保健服务

④ 社区保安服务　⑤ 老年人、残疾人服务　⑥ 法律服务

⑦ 交通安全服务　⑧ 社区矫正服务　⑨ 政策咨询

⑩ 职业指导与介绍　⑪ 还有哪些？（请列出）______

7.您是否曾经因为社区缺少必要的服务而感到麻烦、懊恼？

① 有　② 没有

8.您对目前的社区服务最不满意的是什么？

① 项目不实用　② 服务质量差

③ 收费高及乱收费　④ 不关心或拒绝回答

9.您认为目前社区提供的各类服务中，哪一类最缺乏？

① 日常生活服务　② 医疗卫生服务　③ 健康娱乐服务

④ 针对老人、儿童等弱势群体的专业服务

⑤ 如有多项，请依次排序：_____

10.您认为怎样的社区更有助于提高您的生命质量与生活品质？

① 地段好，离市中心近　② 交通便利　③ 小区环境好

④ 社区服务体系完善

11. 如果您选择购房，在价格相差不大的情况下，下列因素中您最看重的会是哪些？（可以多选）

① 地段相对较好　② 社区服务体系完善　③ 小区环境好

④ 交通相对便利　⑤ 如有多项，请按重要程度排序：_____

12.您希望将来的社区服务体系如何构建？

① 开发商只管盖房子，剩下的由其他社会机构进驻经营而自然生成

② 开发商统一整合各种资源，向业主提供完善的服务

③ 街道或居委会组织友爱互助团体进行服务

④ 引进社会工作机构提供整合性社区服务

13.您理想中的居住社区服务是怎样的？

____

____

五、社会关系融合

1.您平时交往最多的人是哪些？

① 在同一城市的亲戚、老乡　② 同事　③ 同城的老同学　④ 社区的邻里

2.在您交往的人中间，有多少个在同一城市的亲戚、老乡？

① 没有　②10 个以内　③10~30 个　④30~50 个　⑤50 个以上

3.在您交往的人中间有多少个本地人？

① 没有 ②10个以内 ③10~30个 ④30个以上

4.您平时有困难时，主要求助于哪些人？（可多选）

① 在同一城市的亲戚、老乡 ② 同事 ③ 同城的老同学 ④ 社区的邻里 ⑤ 当地政府 ⑥ 社会服务机构

六、文化融合

1.您会说本地方言吗？ ① 基本会 ② 会一点 ③ 完全不会

2.您能听懂本地方言吗？ ① 基本能 ② 能听懂一点 ③ 完全听不懂

3.您了解本地风俗习惯吗？ ① 基本了解 ② 了解一点 ③ 完全不了解

4.您对本地人的思想观念接受程度如何？ ① 基本能接受 ② 部分能接受 ③ 几乎不能接受

5.您平时主要的休闲方式有哪些？（可选两项）

① 上网 ② 去找老乡闲逛 ③ 逛街、唱歌等 ④ 学习工作技术

⑤ 很少有空闲时间 ⑥ 其他(请注明)

6.节假日时，你一般是怎么度过的？（可多选）

① 回老家 ② 外出旅游 ③ 去市区玩或购物

④ 参加社区公益活动 ⑤ 待在家里

7.您感觉自己是本地人还是外地人？ ① 本地人 ② 不清楚 ③ 外地人

七、社会认知与评价

1.您觉得自己像不像个城里人？ ① 很像 ② 有些像 ③ 不像

(选择不像的人请回答) 您认为自己不像城里人的原因是什么？(可选三项)

① 没有城市户口 ② 买不起房 ③ 城市里的朋友太少 ④ 生活方式不像城里人 ⑤ 自身素质低 ⑥ 没有养老、医疗保障 ⑦ 其他（请注明）____

2.您觉得本地人歧视外地人的情况如何？

① 很少歧视 ② 偶尔歧视 ③ 经常歧视

3.您对所在城市的总体评价怎样？ ① 好 ② 一般 ③ 差

4.您对本地人的评价如何？ ① 好 ② 一般 ③ 差

八、政府购买服务

1.您是否听说过政府购买公共服务？

① 没听过 ② 略有耳闻 ③ 听过并了解

2.您是通过何种途径了解的呢？

① 报纸 / 电视 / 网络 ② 宣传单 ③ 居委会 ④ 社会组织

⑤ 家人朋友 ⑥ 其他______

3.您是否赞成政府向社会组织购买公共服务？

① 是 ② 否

4.您赞成政府向社会组织购买公共服务的原因是什么？

① 降低政府提供服务的成本 ② 提高政府提供公共服务的质量

③ 增加服务的便利性 ④ 有助于减少腐败

⑤ 有助于转变政府职能 ⑥ 其他原因______

5.您希望政府购买哪些领域的公共服务？（可多选）

① 教育 ② 医疗卫生 ③ 残疾人、老年人、青少年儿童等特定群体服务

④ 社区矫正服务 ⑤ 其他 ______

6.您认为政府还需在哪些领域开展购买服务？ ______

7.您了解政府购买公共服务的申请流程吗？

①是　　②否

8.您参与过政府购买服务的申请吗？遇到过哪些困难？

①是　　②否　　③困难说明______

问卷到此结束，感谢您的支持和参与！

访谈提纲

一、基本情况

1.个人情况：性别、年龄、文化程度、婚姻状况、居住地点、居住条件。

2.家庭情况：家庭人口、家庭主要收入来源。

3.流动情况：个人流动还是家庭流动，家庭其他成员的情况，流动的时间，流动的原因。

4.流动形式：通过什么途径获得流动信息？通过什么方式实现流动？

二、生活状况

1. 居住情况：工作地点距离居住地的远近、在城市中居住的地点（在边缘还是中心，在城市还是郊区）。

2.每月开支状况及主要开销。

3.休闲方式：业余时间是如何度过的？业余时间通常从事什么活动？有什么开销？

4.新地方在教育、经济、政治、文化等方面与老地方的差别是什么？

5.有无参加各类社会保险？

三、社会适应情况

1.是否有一份稳定的工作？收入状况如何？

2.到新城市生活有多久了？满意吗？

3.现在的生活方式与流动前有变化吗？有什么样的变化？

4. 与同事相处融洽吗？能适应这里的工作条件和氛围吗？在工作上与城里人是否同工同酬？

5.觉得自己像城市人还是农村人。

6.觉得应该如何改变目前自身的状况。

四、社会服务情况

1.你觉得所在社区的居住环境好吗？你对社区治安状况满意吗？

2.你与所在社区居民之间平常的往来互动多吗？你得到过邻里帮助吗？

3.有社区志愿者为你提供服务吗？你所在的社区志愿服务开展情况如何？

4.你知道政府购买社会服务吗？你享受过哪些社会服务？

5.你遇到的障碍及困难是什么？你目前的生活存在困难吗？

6.你对当前政府的流动人口政策有什么意见或建议？